FUNÇÃO FEMININA E FUNÇÃO MASCULINA

Blucher

FUNÇÃO FEMININA E FUNÇÃO MASCULINA

Relações intrapsíquicas e intersubjetivas

Cleuza Mara Lourenço Perrini

Função feminina e função masculina: relações intrapsíquicas e intersubjetivas

Editora Edgard Blücher Ltda.

Publisher Edgard Blücher
Editor Eduardo Blücher
Coordenação editorial Rafael Fulanetti
Coordenação de produção Ana Cristina Garcia
Preparação e revisão de texto Equipe editorial
Colaboração Mireille Bellelis
Diagramação Mônica Landi
Capa Juliana Midori Horie
Imagem da capa Pintura abstrata "Preto e violeta" (Black and Violet), criada por Wassily Kandinsky em 1923

Blucher

Rua Pedroso Alvarenga, 1245, 4º andar
04531-934 – São Paulo – SP – Brasil
Tel.: 55 11 3078-5366
contato@blucher.com.br
www.blucher.com.br

Segundo o Novo Acordo Ortográfico, conforme 6. ed. do *Vocabulário Ortográfico da Língua Portuguesa*, Academia Brasileira de Letras, julho de 2021.

Dados Internacionais de Catalogação na Publicação (CIP)
Heytor Diniz Teixeira, CRB-8/10570

Perrini, Cleuza Mara Lourenço
Função feminina e função masculina : relações intrapsíquicas e intersubjetivas / Cleuza Mara Lourenço Perrini. – São Paulo : Blucher, 2025.

192 p. : il.
Bibliografia
ISBN 978-85-212-2652-9 (Impresso)
ISBN 978-85-212-2649-9 (Eletrônico – PDF)
ISBN 978-85-212-2650-5 (Eletrônico – Epub)

1. Psicanálise. 2. Psicanálise e mulheres. 3. Estudos de gênero na psicanálise. 4. Subjetividade. 5. Clínica psicanalítica. I. Título.

CDU 159.964.2

Índice para catálogo sistemático:
1. Psicanálise CDU 159.964.2

Agradecimentos

Aos meus pais, Ana e Rubens, que primeiro me apresentaram o mundo.

Ao meu amor, Edival, feliz escolha que ilumina cada um de nossos dias partilhados.

Aos nossos filhos, Luciana, Rodrigo e sua esposa Aninha, e Cláudio, laboratório vivo dos sonhos/realidade que o amor fertiliza.

Aos netos, Giovanna e Ian, a alegria e a esperança que se renovam.

Ao meu grupo de São Paulo com quem há tantos anos nos debruçamos com dedicação e paixão a esse tema: Adelaide, Adriana, Ana Teresa, Céres, Gláucia, Graça, Josefa, Maria Teresa (Lelê), Silvana, Solange e Sueli.

Ao meu grupo de Curitiba, Ana, Laís, Lissandra, Maíra, Milena e Rafael, jovens interessados com quem há muito tempo estudo os fenômenos humanos, sangue novo circulando.

Ao Pereira (*in memoriam*), ao Sapienza (*in memoriam*) e à Martha que comigo trilham essa tecitura da vida no seu dia a dia singular e único.

Aos meus analisandos, por contribuir com o reconhecimento de que podemos nos reinventar a cada encontro, com esperança e verdade.

E, parafraseando Clarice Lispector:

> *A todos os que em mim atingiram zonas assustadoramente inesperadas, todos esses profetas do hoje, do agora, que a mim mesmo me vaticinaram a ponto de, neste instante, eu explodir em:* eu *– na busca constante por aceitar, com suficiente satisfação, ser eu mesma. Esse eu que é nós, pois preciso de todos esses outros para me manter viva.*

Obrigada.

Conteúdo

PARTE II

Prefácio

"Afinal de contas, o que quer uma mulher?" Essa frase emblemática de Sigmund Freud (1976) revelava que, após décadas de trabalho e de estudo com a alma humana, a mulher permanecia um mistério para ele. Segundo a biografia de Freud, escrita por Elizabeth Roudinesco, apesar de todo o seu pensamento revolucionário que revelou a bissexualidade nas mentes de todos os seres humanos, Freud ainda era um patriarca de cultura judaica do século XIX no que se refere às mulheres. Ainda considerava que o lugar delas era no lar e na criação de filhos. Não obstante, paradoxalmente, aceitou mulheres no movimento psicanalítico e na formação de psicanalistas em uma época em que elas permaneciam ostracizadas das atividades intelectuais e profissionais. Algumas delas tornaram-se notórias expoentes do pensamento e da expansão da psicanálise, como Lou Salomé, Melanie Klein e sua própria filha Anna (além de sua cunhada Mina, companheira de viagens e de interlocução intelectual).

Durante séculos a presença da mulher e do feminino (que são coisas diferentes como destaca Cleuza em seu trabalho) foi anulada ou negada. A diferença ou a importância da diferença sendo percebida como perigosa ou ameaçadora. No livro Levítico do Antigo Testamento está expresso que uma mulher que dá a luz a uma mulher fica duas vezes mais suja do que aquela que dá a luz a um filho homem! Até pouco tempo com a política de filho único na China, milhares de bebês mulheres eram assassinadas ou abandonadas ao nascerem para que os casais pudessem ter outro filho varão que era fundamental até para o enterro de seus pais. O desequilíbrio na quantidade de homens e mulheres tornou-se tão grande que finalmente esse programa foi encerrado, pois ameaçava até a perpetuação da população.

Não faz muito tempo que a existência e o reconhecimento de grandes mulheres pintoras do passado era negado ou negligenciado na história da arte e nos museus – relegando-as a notas de rodapé de publicações ou a locais pouco destacados nos espaços de exibição, se exibidos. Vêm-me à mente nomes como Lavinia Fontana; Artemisia Gentileschi, que para seguir como pintora e não se casar, como esperava o pai de quem fora assistente, visto que uma mulher "honrada" não poderia ser artista, procurou perder a virgindade antes de que fosse levada ao altar, e, dessa forma, como uma mulher marginal, poderia continuar pintando; e Elisabeth Vigée-Lebrun (cuja inebriante autobiografia é uma leitura obrigatória), que aos 17 anos já se tornara pintora oficial da rainha Maria Antonieta. Com a revolução, deixou o marido, que vivia à custa dela, exilou-se com sua filha menor e foi trabalhar nas cortes da Itália, Alemanha, Áustria, Polônia, Rússia (a convite de Catarina, a Grande) e Inglaterra, antes de retornar à França pós-revolução durante o império de Napoleão I. No século XIX, até pouco tempo relegadas a um segundo plano, já no movimento impressionista, encontramos Berthe Morisot e Mary Cassatt. Mesmo possuidoras de grandes talentos, ficaram excluídas da confecção de diversos tipos de pintura porque era exclusividade dos homens (não podiam participar das aulas de modelos vivos, que eram usados nas pinturas históricas, as mais valorizadas) e viram-se forçadas a retratar cenas domésticas, consideradas mais adequadas para as mulheres da época. Mesmo assim, serem artistas já implicava um lugar de suspeita na sociedade considerada respeitável, mesmo que elas fossem oriundas de famílias burguesas ou se casassem.

Na literatura, somente em 1980(!), a grande Marguerite Yourcenar tornou-se a primeira mulher a ingressar na Academia Francesa. E somente em 1997, a Filarmônica de Viena passou a admitir mulheres, sendo que até hoje, somente quatro fazem parte da orquestra!

Foi necessária a presença e a manifestação de uma grande mulher como Melanie Klein no movimento psicanalítico para evidenciar que uma mulher não era um homem castrado, que ela não era alguém a quem algo fundamental faltaria. Uma mulher É OUTRA COISA. Ela não tem ausência de pênis, ela tem outros genitais DIFERENTES. Um proeminente psicanalista da Sociedade Brasileira de Psicanálise de São Paulo, dr. Yutaka Kubo, já falecido, destacava que Freud descrevia a mulher por algo que faltaria nela. Segundo ele, ao referir-se às mulheres pelo que nelas faltaria, seria uma manifestação de inveja de Freud das mulheres.

Como destaca Klein (1991), os genitais das mulheres estando voltados para dentro do corpo, ao contrário dos homens, que estão para fora, a preocupação com a interioridade e o mundo invisível (intuitivo) se desenvolve mais intensamente nelas do que na maioria dos homens, por se reassegurarem da sua integridade a partir da observação direta deles. Os homens também ficariam mais ameaçados pelo mundo feminino por não saber o que se encontra no interior do corpo da mulher (primeiramente, o da própria mãe), povoado por dimensões misteriosas e potencialmente assustadoras. A capacidade de gestar e dos seios (físicos e mentais) de amamentar e prover também seria um importante estímulo para a inveja masculina e os impulsos de anular a mulher e tudo o que seria feminino.

Este belo livro de Cleuza Perrini vem bem, a propósito, no momento em que movimentos religiosos e políticos fundamentalistas tentam mais uma vez anular a presença do feminino e de tudo que torna relevante a(s) diferença(s).

Perrini escreve:

> *Privilegio aqui a expressão "repúdio ao feminino" mais do que "repúdio à feminilidade", que me parece também ter sido a ideia desenvolvida por Freud, mesmo que tenha utilizado o termo "feminilidade", um adjetivo substanciado. Feminilidade é mais condizente com as qualidades do feminino do que com sua função, que é como pretendo desenvolver essa odisseia de Penélope, que a tece: o feminino interminável. (Capítulo 5)*

> *De alguns anos para cá, resolvi ler artigos de jornais e periódicos de autores que pensam diferente de mim. Confesso ser um exercício que exige muito. No entanto, muitas vezes me surpreendo com a possibilidade de incluir no meu repertório alguns desses olhares, por apresentarem outro vértice que eu ainda não tinha levado em conta. (Capítulo 11)*

Senti-me irmanado com a Cleuza nesse ponto. Em 2021, fui convidado a assumir a editoria da *Revista Brasileira de Psicanálise*, o que sabia ser um trabalho hercúleo que me tiraria noites de sono e praticamente anularia os meus fins de semana e férias durante quatro anos. Um dos fatores relevantes que me levou a aceitar esse prestigioso trabalho foi ver-me levado a ler trabalhos das mais diferentes correntes psicanalíticas e, fora da "minha casinha", como destaca Cleuza, poder aprender muito a partir das diferenças.

Há alguns anos, após ler um brilhante trabalho dela sobre o feminino, convidei-a a participar com ele do livro que coordenei e para o qual escrevi um artigo, *Sobre o feminino* (Blucher, 2017), no qual, além de mim, outro colega homem, Renato Trachtenberg, também escreveu um capítulo, e mais seis colegas mulheres (Maria Helena Fontes, Cândida Sé Holovko, Gisele Gobbetti, Anne Lise di Moise S. Scappaticci, Ana Maria S. Vannucchi e Maria Luiza L. M. Salomão) que ofereceram belíssimos textos. Cleuza seria a sétima. Não obstante, meus insistentes esforços para ter seu importante artigo no livro, não obtive sucesso e tive de aceitar minha grande frustração, pois ela já havia se comprometido em enviá-lo para outra publicação. Minha grande compensação surge agora com o mais que honroso e estimulante convite que me fez para escrever este prefácio deste relevante livro, que é uma coletânea de diversos artigos expostos na forma sonata: exposição (feminino-diferenças), desenvolvimento e variações (expressão estética) e recapitulação (feminino/diferenças/expressão estética). O tema principal é a função feminina e seu contraponto, a função masculina, numa dimensão não sensorial presente em todos os seres humanos e cujo reconhecimento é fundamental para o desenvolvimento mental e social. Para tal, vale-se da concepção continente e contido proposta por Bion e do seu conceito de *reverie*, numa série complementar. Para desenvolver essa questão tão fundamental, Cleuza se vale de vinhetas clínicas e de muitas referências poéticas e musicais, além das relevantes citações teóricas da psicanálise.

> *"A expressão estética amplia e sintetiza a transformação desses significados e a psicanálise expressa a sua transformação metapsicológica" (Capítulos 9 e 10).*

Destaco aqui algo não comum em nosso meio: a importância que ela também dá aos autores psicanalistas brasileiros, pouco lembrados por considerável fatia de nossos colegas, numa postura bastante colonialista, sobretudo quando em nosso país temos uma quantidade imensa de colegas que produzem muito e de forma tão significativa e relevante há tantas décadas. Destaco também que em suas vinhetas clínicas ela narra situações em que se viu em impasses ou dificuldades, levantando questões a serem pensadas, o que torna o seu trabalho francamente científico, pois não é a comprovação de teoremas fechados que tendem à autolouvação do autor e da psicanálise, mas que buscam a reflexão e a expansão que também pode advir de seus leitores-interlocutores.

> *Nossa função na clínica é de promover ressignificações e possíveis elaborações que colaborem para descomprimir a psique de absolutismos morais rígidos quando a diferença, sentida como ameaça, encarcera a possibilidade do novo, da criação e da expansão da mente. (Capítulo 11)*

Interrompo-me aqui para não me estender demais privando-os(as) da leitura fluida e ricamente estética deste consistente livro de Cleuza. Certamente será uma bela Odisseia na versão de nossa Penélope de Curitiba.

Maio de 2025

Claudio Castelo Filho

Membro efetivo e analista didata da SBPSP. Mestre em Psicologia Clínica pela PUC-SP. Doutor em Psicologia Social e livre-docente em Psicologia Clínica pela USP. Editor da *Revista Brasileira de Psicanálise* (2021-2024)

Apresentação

Comecei a estudar o tema "Função feminina↔função masculina: relações intrapsíquicas e intersubjetivas", por volta de 2010, sem notar conscientemente que o fazia. Na clínica, percebia, em alguns pacientes, uma oscilação entre fraqueza e prepotência, segurança e insegurança, precisar e prescindir, e esses eram fatos vividos comigo e com as pessoas que conviviam. Comecei a me deter sobre essas questões e passei a estudar e a escrever sobre elas.

Em um encontro específico sobre esses escritos, fiquei surpresa ao perceber uma certa animosidade sobre meu olhar e pensar a respeito desses elementos, como se eu estivesse sendo petulante de trazê-los para a mesa de reflexões. Sugeriam que eu estava criando uma "ideologia" mais do que justamente tratando de fatos que observava.

Apreendendo o acontecido, senti-me estimulada a pensar profundamente e a escrever mais sobre o tema. A curiosidade e o espírito científico que me habitam favoreceram esses estudos.

Inicialmente refleti, e achei curioso, que foram os homens presentes nesse encontro que me questionaram, com ardor. Outras colegas agiam como se aquela ideia lhes fosse natural. O fato é que me mobilizei a estudar mais e mais.

Dois anos depois, eu tinha um primeiro trabalho que, discutido com outras pessoas, amadureceu, e foi publicado na *Revista Brasileira de Psicanálise*, em 2015. Esse artigo é o primeiro capítulo deste livro, é uma releitura com base em estudos posteriores que me permitiram discriminar e esclarecer melhor a qualidade de um fenômeno e sua função: a feminilidade e a masculinidade como *qualidade* e a *função* feminina e masculina em nós, na nossa vida psíquica, independente de questões de gênero.

Sou uma psicanalista preocupada com os fenômenos psíquicos e sobre eles me inclino com estimulante interesse. Não vejo as pessoas que me procuram clinicamente sob estereótipos de gênero (gays, lésbicas, binário etc.), apesar de ser assim que elas costumam se apresentar. Eu atendo pessoas.

O fato é que a publicação desse trabalho promoveu mais e mais conversas, então, naquele momento, me detive mais especificamente a ampliar meus estudos sobre o feminino, esse "continente negro", misterioso e sagrado que promove tantas idealizações.

Em Medusa, figura mítica horrorosa, encontrei um contraponto que considerei necessário para desmistificar esse pendor pelo feminino idealizado. No entanto, senti que algo ainda faltava e decidi estudar mais sobre o feminino e o contumaz repúdio a ele, tão bem analisado por Freud. Antes e até mesmo durante meus estudos, notei um fato curioso: a maioria dos artigos que encontrava sobre o feminino era escrita por homens. Percebi que o feminino tanto atraía quanto era repudiado por nós.

Antes de apresentar este trabalho, ao conversar com uma amiga sensível aos fenômenos psíquicos, ela me disse: "Você sabe que está mexendo com vespeiro?". Lembro-me que fiquei incomodada, pois essa não era minha intenção. Ao mesmo tempo, ela me confirmava essa atração/repúdio do feminino em nós. Eu percebia que não seria por ele remeter à castração, como Freud pensava, pois sentia que isso não dava conta de tamanhas emoções, então, fui pesquisar.

Encontrei vários autores e me deparei com um continente/feminino, que além de conter, também abandona. Passei a me perguntar o que era tão desejado e, ao mesmo tempo, tão temido e se este seria um dos motivos para idealizarmos tanto a maternidade, a função materna. Mas percebi que a mãe que acolhe é também a primeira a desamparar. A temperança entre esses dois aspectos estaria relacionada ao trabalho de presença e ausência, que tanto nos nutrem quanto nos assustam no processo de desenvolvimento rumo a sermos nós mesmos. Tarefa nada fácil!

Ao assimilar essa questão, dei continuidade aos estudos e apresentei outros textos sobre o feminino. Trabalhar com essa condição humana idealizada culminou no fato de eu ser procurada para ministrar palestras e coordenar grupos de estudo sobre o tema. Tenho vivido uma experiência muito singular. Por exemplo, havia um grupo de estudos em andamento no qual analisávamos as duas funções, mas que apresentava uma forte tendência a focar apenas no estudo do feminino. Era um movimento voltado para o estudo dos gêneros (que não era meu objetivo), composto por pessoas que diziam: "Você que estuda sobre o feminino", ao que eu prontamente respondia: "sobre a função feminina e a masculina também".

Diante dessa demanda, surgiu em mim a necessidade de aprofundar o estudo sobre o masculino em nós. Para minha surpresa, notei que esse tema não despertava o mesmo interesse que o feminino. Ao pesquisar, encontrei poucos artigos sobre ele e a maioria também era escrito por homens. No entanto, ao ler esses trabalhos, senti que não refletiam o que eu observava na clínica, nas relações e em mim mesma.

Foquei na questão da segurança/insegurança, própria do masculino. Mas parecia ser uma audácia questionar a potência/impotência do masculino em nós, já que igualmente ele deveria se manter idealizado como "completo e específico desde o início", assim como Freud o mencionou.

Este livro é uma releitura de todos os meus artigos publicados. Na segunda parte, aprofundo reflexões derivadas de diferentes aspectos que considerei relevantes e pontuais na prática da clínica psicanalítica.

Desejo a todos uma boa leitura!

"invadira-me um prazer delicioso, isolado, sem noção de sua causa. Esse prazer logo me tornara indiferente às vicissitudes da vida, inofensivos seus desastres, ilusória sua brevidade, tal como o faz o amor, enchendo-me de uma preciosa essência: ou, antes, essa essência não estava em mim, era eu mesmo".

Marcel Proust, *Em busca do tempo perdido*,
Vol. 1 – No caminho de Shawn. Tradução de
Mario Quintana, 3ª ed., 2006, p. 71

PARTE I

1. Algumas considerações sobre o feminino↔masculino no interior da vida psíquica[1]

Penélope
E então se sentam
lado a lado
para que ela lhe conte
a odisseia da espera.
Marques, 2021, p. 142

Ulisses
Escuta.
Sua odisseia da volta
está escrita
na chama de seu olhar.
A autora

1 Publicado em 2015 na *Revista Brasileira de Psicanálise*, 49(4), 155-168.

Nossa experiência humana de convívio torna-se mais complexa pela presença do componente dinâmico da ambivalência, bem como do binômio da completude/incompletude (complementariedade), entre tantas outras questões. Para abordar o tema proposto, procurarei descrever o interjogo entre as funções feminina e masculina da personalidade, que passam por experiências sensório-fisiológico-anatômicas, em conjunto com as socioculturais. Estas deixam marcas indeléveis, expressas no exercício da vida, por meio de uma sofisticada interação com os fenômenos psíquicos inter e intrassubjetivos, presentes nas relações humanas, como nos aponta Freud (citado por Sandler, 1999) quando escreve sobre sexualidade: "uma função natural onde realidade material e psíquica estão constantemente conjugadas" (p. 461). Convém igualmente frisar que Freud (1905/1996) considerou ser a bissexualidade um elemento fundante da vida sexual. Como o que aqui proponho não é uma questão de gênero, nem de genitalidade, essa colocação pode nos levar ao conceito da existência de uma "bissexualidade psíquica" (Chasseguet-Smirgel, 1975), correspondente a mesclas de elementos ativos e receptivos, independentes de caracteres biológicos.

Nessa parte primeira do trabalho, procuro fazer um corte na altura dos fenômenos apreensíveis, contextualizando-os, e, na segunda, procuro integrá-los no que tange o convívio das funções feminina e masculina, analiticamente, no interior da vida psíquica. Para esse propósito alio-me a Bion (1963/2004) que sugere que o embrião da vida psíquica ocorre com a interação do feminino (♀) e do masculino (♂) na mente, ao transformar o até então conteúdo (ocorrido na relação), em continente-contido (♀♂). Os poemas da epígrafe, "Penélope e Ulisses", procuram expressar a união desse fenômeno, apreensível por meio do encontro emocional vivido por ambos.

Anatomia

Determo-nos sobre questões anatômicas sem nos esquecermos do vértice psicofísico, permite-nos deparar com algumas surpresas. Por exemplo, o paradoxo existente entre a força do pênis, sua potência visual e mecânica, e sua "dependência/carência" de um continente que o abrigue. Percebe-se com naturalidade a necessidade do encontro pênis/vagina para a sua realização/complementação. No entanto, a "dependência" do pênis pelo abrigo fica habitualmente dicotomizada e a espera "passiva/vazia" da vagina, supervalorizada. Chega a parecer uma falácia a mensagem anatômica de ambos: do pênis ereto e potente, sugerindo independência e autossuficiência, e a da vagina, no seu ato de espera, sugerir impotência e vazio. Desse modo, o encontro que os complementa pode ficar desvitalizado.

Ainda sob esse mesmo vértice, mas acrescentando o aspecto emocional, deparar-se com a "limitação" masculina de que seu membro precisa de um continente para abrigá-lo e fazer jus à descarga tensional/prazerosa, é necessário para lhe dar status sexual/físico. Na clínica, como na vida social, isso pode vir deslocado e projetado na forma de poder e dominação, quando há predominância de aspectos mentais primitivos.

Sob o vértice feminino, conter o contêiner que acolhe o membro masculino, propiciador de status, sem o qual a eclosão do prazer pode ficar dificultado para ambos, também pode ficar deslocado e introjetado como submissão e inferioridade, quando há predomínio desses aspectos mentais primitivos.

Sendo o propósito dessas considerações fazer uma interligação desses fatores na vida psíquica, esse interjogo pode ficar internalizado em brigas internas de poder, empobrecendo a vida mental nas suas relações intra e interpsíquicas, quando do exercício das funções feminina e masculina da personalidade. Estas, cindidas, podem se manifestar em relações bizarras (vividas intra e interpsiquicamente), como ilustra uma obra da série inspirada na "L'Inquisition de les songes drôlatiques de Pantagruel" (A inquisição dos sonhos burlescos de Pantagruel), de Salvador Dalí (1973), quando tive oportunidade de visitar o museu que leva seu nome: uma figura bizarra que choca ao transmitir a autofagia dos possíveis elementos masculinos e femininos, numa relação de poder e não de troca inter-relacional: "quem está no comando" e "quem obedece e é controlado".[2]

A complementaridade atende a fragilidade humana. Na negação desta, muitas vezes ela apresenta-se de forma invertida, como defesa, gerando auto e mútuos ataques. Sapienza e Junqueira Filho (2004) endossam essa dinâmica no trabalho "Fatores de conjunção e disjunção no relacionamento da parceria fértil e criativa", quando apontam considerações face à dinâmica dos jogos relacionais humanos dominados por ataques e fugas, que caracterizam o suposto básico de guerra numa dinâmica primária de automatismos protomentais e mentais, em que, de modo permanente e mais ou menos latente, prevalecem valências do tipo mencionado acima de quem comanda e quem obedece.

Como exemplo, podemos pensar que algumas mulheres precisam crer na potência "autossuficiente" masculina a fim de se sentirem protegidas, juntamente com sua prole, resquícios dos tempos da idade da pedra, contra as intempéries da natureza e de animais selvagens, e, na contemporaneidade, ao precisarem de um abrigo seguro, afetivo e material, para poder conter suas emoções, além de suas próprias necessidades básicas e as do seu bebê. Igualmente, alguns homens, para crerem em sua força como provedores, precisam embrutecer, como um analisando que temia ficar "molenga" com a análise, e com isso acabar por não dar conta do sustento da família. Essa memória ancestral de que quem domina, protege, está no inconsciente feminino e masculino sob o vértice de uma relação

2 Trata-se de uma xilogravura que faz parte da obra *Les Songes Drolatiques de Pantagruel* (*Os Sonhos Droláticos de Pantagruel*).

verticalizada, de cima para baixo, em detrimento da relação horizontal, complementar, de parceria.

Fairbairn (1952/1978) aponta que a "libido antes de ser busca pelo prazer, ela busca relações de objeto" (p. 159, tradução nossa) e que, mais do que busca pelo prazer, seu verdadeiro fim é o de estabelecer relações de objeto. Se abrigamos filogeneticamente uma "incompletude" feminina, bem como uma "potência" masculina, acreditando que esta vem completar a "deficiência" feminina, não nos depararemos com a dor da incompletude humana, portanto, de ambos. A possibilidade desse encontro "libidinal" complementar, a busca por relações de objeto reais, pode conciliar essa ferida propiciando relações criativas internas e interrelacionais.

Se considerarmos que o feminino e a masculino não são uma propriedade da mulher ou do homem, mas que habitam, em maior/menor grau, dentro da vida psíquica de ambos, poderemos refletir como convivem, preservam e negam aspectos de cada experiência particular.

Sandler (1999), ao refletir em seu artigo "Uma teoria sobre o exercício de feminilidade↔masculinidade", nos sugere que "o livre exercício da potência masculina seria aquilo que permite a consecução da feminilidade" (p. 465). O que me ocorre pensar é que, paradoxalmente, não temer o feminino me parece ser condição necessária para o exercício livre do masculino em nós.

Face a esses dados, seria ingênuo não considerar os fatores culturais, fisiológicos, filogenéticos e, todos, em constante atualização. Portanto, a tarefa é árdua e requer certa humildade em aceitar que tamanha complexidade não cabe em poucas linhas. Escolho alguns pontos que considero mais relevantes, ciente que essa decisão, por si só, contém a limitação que a restringe.

Apresento alguns momentos de minha trajetória analítica com Otávia, a fim de ilustrar a relação do feminino e do masculino no interior da vida psíquica quando favorecedora/desfavorecedora de pensamentos.

Otávia, o primeiro encontro

Otávia chega ao nosso primeiro contato trajando roupas sóbrias e escuras, e com uma pasta tipo "executivo" na mão, o que me chama a atenção. Com andar calmo e rosto neutro, apresenta-se como para um compromisso profissional, em que as demandas pessoais não devem estar presentes. Otávia é de estatura mediana, mas tem um porte imponente, mesmo calçando sapatos baixos. Sua voz é grave e cada palavra é pensada antes de ser dita. No entanto, os seus cabelos longos, sempre presos nos primeiros encontros, anunciavam um movimento que lhe escapava desapercebidamente, de leveza. Também seus olhos assustados tinham laivos de ternura contida.

Senta-se, coloca a pasta no chão, junto à sua poltrona, e começa a falar sobre o motivo da procura. Diz que tinha tido um aborto espontâneo e que isso a tinha desmoronado.

Escuto, e, aos poucos, Otávia me coloca dentro de um panorama permeado de "constatações de seus paradoxos", como ela definiu esse momento. Diz que nunca quis se casar e se casou duas vezes (no primeiro casamento, também teve um aborto natural, mas "nem ligou"); não queria filhos, mas após o aborto o desejo de tê-los se intensificou; tinha um bom relacionamento com o atual marido, mas naquele momento também queria se separar; era uma profissional bem-sucedida, mas queria abandonar tudo. Em suma, disse que se sentia uma fracassada em seus intentos, sem saber o que pretendia da vida.

Inicialmente, Otávia apresentou-se como a relatora de fatos e não a protagonista deles, até descrever-me o seu horror ao ver "sangue vivo" no vaso sanitário, constatação inevitável de um aborto. Nesse momento, apareceu vividamente o seu desmoronamento, já que me permitiu "vê-la" indo junto com o sangue, encanamento abaixo.

Quando apontei que ela estava ali comigo, viva e apostando na esperança de recuperar a possibilidade de ter e de manter uma gravidez – anunciadora de um filho –, chorou pela primeira vez. Disse que, ao ficar desconsolada, arredia com o marido e enfurnada no quarto escuro, temia repetir a história da mãe, "deficiente física, sempre confinada no quarto com a desculpa de ser cadeirante", com quem não pôde contar nos momentos da vida que mais precisou.

Estava presente um feminino internalizado como fraco, desconfiava da sua capacidade de conter o ser mãe dentro dela, e um masculino que a permitia buscar ativamente essa condição, apegada ao fato de que bastaria ter atitudes para essa empreitada.[3] Já as suas emoções teriam de ser deixadas de lado encarceradas dentro da mala de executiva que ela portava.

Nossas raízes, na infância, do mesmo modo que no encontro analítico, podem nos deparar com insuportável dor mental. Otávia vivencia comigo seu conflito entre potência e impotência, fraqueza e determinação, considerando-os "insegurança sua ter emoções tão díspares, como a de nunca querer filhos... e agora... querer muito". Seu choro sentido finaliza esse primeiro contato, mais aliviada e próxima de mim.

Otávia traz em si, portanto, o feminino e o masculino em conflito, sugerindo-os incompatíveis de interação. Seu modo de trajar como o de falar, não necessariamente masculinos, mas desprovido de graça, sugere haver uma cisão desses elementos, além do desamparo reinante e negado por ela. Chega pedindo-me para resolver seu problema como um negócio, no qual cumpriria as regras do contrato

3 Ciente estou que existem outros fatores presentes nessa primeira comunicação. Privilegio aqui o vértice observado, condizente com o que proponho abordar, já que os outros poderiam nos distrair da proposta deste trabalho.

com afinco e determinação... mas sem vivê-lo: viver as emoções seria a prova cabal de sua impotência↔abandono.

Manutenção da não interação do feminino↔masculino

A psicanálise procura conjugar a função feminina e a função masculina na alma humana, na mente humana que se expande, propiciando a contenção do par (a começar pelas figuras parentais) como fenômeno mental ativo. O enredo proposto do par (unidos pela paixão),[4] que não comporta adversários, anuncia que nem a função masculina e nem a função feminina são o centro da relação intra e interpsíquica. Se dicotomizada, privilegia-se o embate entre antagonistas e protagonistas, corroborando para a manutenção da "guerra de sexo", impeditiva de uma experiência de parceria emocional criativa, diferente do que nos assinala Bion (1963/2004) quando enfatiza que "a paixão evidencia que duas mentes estão vinculadas" (p. 28). Os poemas usados como epígrafes, em que Penélope conta sua odisseia vivida na espera, e Ulisses, sua acolhida da narrativa, sugerem essa paixão não carnal, mas de encontro emocional.

Poderíamos então, como hipótese, propor a reflexão de que a "guerra de sexos" começa antes, internamente, num jogo de poder entre o masculino e o feminino,[5] no interior de nossa vida psíquica,

---

4 Considero o termo paixão, sob o vértice de Bion (1963/2004): "o componente derivado dos vínculos L, H e K (amor, ódio e conhecimento), para representar uma emoção experimentada com intensidade e calor, embora sem qualquer insinuação de violência" (p. 28).

5 Masculinidade – Feminilidade (Laplanche, 1967/2004) – "oposição que a psicanálise retomou e mostrou ser muito mais complexa do que geralmente se crê: a forma como o sujeito humano se situa relativamente ao seu sexo biológico é o termo aleatório de um processo conflitual" (p. 275). Procuro com isso distinguir a questão genital da qualidade masculina e feminina que é eivada de sensorialidade, das funções masculina e feminina que têm sua contraparte mental. Em uma

em busca de uma unicidade fusional idílica, quando as diferenças se apagam impedindo elaborações? Outra figura de Dalí, mencionada anteriormente, que poderia expressar essa guerra, convoca-me a pensar que as diferenças não se complementam, ficam prisioneiras da unicidade fusional, concorrendo para a construção do vínculo "*versus*" (Sandler, 2001), que não tolera paradoxos e que extermina o outro.

Otávia – Segundo momento

Ao investigar, nas primeiras sessões com Otávia, sobre seu nascimento, e ao perceber o clima reinante de que ela preferia ter nascido homem, comunico isso a ela. Surpreende-se e relembra um fato, considerado sem importância. Soube, já "grandinha", que seu nascimento foi comunicado pela sua babá (que a "criou") a toda a família, que aguardava ansiosa no saguão do hospital: "Sinto informar-lhes... mas é... outra menina..." (ela é a quarta e última filha). Contou-me rindo, como se isso nada lhe tivesse causado. Quando lhe sugiro pensar o quanto essa expectativa possa tê-la encaminhado, por exemplo, a se equipar para assumir a empresa da família, ela diz: "Eu não via meu pai... Só minha mãe... Mas larguei as bonecas muito cedo... Parece que... a partir daí (entre surpreendida e reflexiva) eu passei a olhar para o meu pai... Mas ele não me via (E num crescente, continua). Passei a dizer que não me casaria e que nem teria filhos... E passei a acompanhá-lo no seu trabalho... nas lojas... por tudo! Virei o filho...".

conversa informal com João Carlos Braga, ele assim reitera: "existe a qualidade do masculino e do feminino que é diferente da função masculina e feminina que são organizações mentais que estruturam a continência e os contidos".

Reflexões

> *Intuições sem conceito são cegas;*
> *conceitos sem intuições são vazios.*
> Immanuel Kant, 1998

Essas reflexões contextualizadas sob o vértice cultural, físico/anatômico, relacional, entrelaçadas pela clínica psicanalítica, originaram a hipótese de que podem tornar-se um possível exercício e convívio do feminino↔masculino, observados no "interjogo entre as funções masculinas e femininas da personalidade" (Sandler, 1999).

Desde que formularam a dualidade sujeito-objeto, pensadores e filósofos insistem na interação dialética que determina não só a estrutura de cada um dos termos, mas também o seu *convívio* (Sapienza & Junqueira Filho, 2004).

A questão que proponho é como abraçar, interagir e conviver, como Kant nos brinda na epígrafe, o nosso feminino com o nosso masculino, dentro de nós, como funções psíquicas, na medida que considero, como Sandler (1999) "a capacidade de intuir e a capacidade de cuidar, como expressões de feminilidade; e as capacidades de ser potente e de ser pródigo, como expressões de masculinidade" (p. 459), independente de questões de gênero. Preconizo, assim, que, uma sem a outra, nos cega ou nos esvazia. A capacidade, assim como a possibilidade, de se ser alimentado e inseminado, em consonância com as funções feminina↔masculina, podem ir se alternando em cada um de nós, intrapsiquicamente, e no encontro criativo com o outro, relacionalmente (interpsiquicamente). Como então conjugar em nossa personalidade o que se conflituam como díspares, nossos elementos psíquicos ativos e receptivos, tanto vividos pelos homens quanto pelas mulheres?

> *O desenvolvimento psíquico como nos assinala Bion, depende de uma interação equilibrada, no indivíduo, de suas tendências narcis-istas e social-istas. As circunstâncias da configuração social-ista por sua vez, determinam o aparecimento de algumas questões que lhe são intrínsecas: destas, duas em particular nos interessarão, a publicação e o senso-comum. A publicação constitui, por assim dizer, imperativo de convívio grupal e social pois, levando o indivíduo isolado a compartilhar com seus pares sua formulação ou impressão pessoal, contribui tanto para o estabelecimento de uma "política de boa vontade" quanto para a dissipação de desconfiança persecutória . . . Bion pondera que a publicação é requisito essencial do método científico na medida em que expõe a formulação ou abstração ao escrutínio do senso-comum . . . O senso-comum como elo de intermediação da interação do narcis-ismo↔social-ismo, é uma contribuição original de Bion que amplia a formulação pulsional freudiana a qual contrapõe a pulsão do ego à pulsão sexual, incorporando ainda o paradigma relacional como força motriz do desenvolvimento psíquico . . . No entender de Bion, portanto, o conflito entre os impulsos narcis-istas e social-istas da personalidade é um fenômeno permanente que pode gerar um ataque ao vínculo entre estas duas instâncias, ou seja, ao senso-comum. (Sapienza & Junqueira; 2004, pp. 5-7)*

Esse impasse intrapsíquico, vivido como submissão e dominação, fica caracterizado pelo vértice moral, visto como negativo ou positivo, comprometendo a "dissipação da desconfiança persecutória". Conflituam-se na crença que o feminino não pode ser ativo e que o masculino não pode ser receptivo. Penso que ambas contêm, quando podem se relacionar, uma receptividade ativa, bem como uma execução receptiva. Assim, ocorre a seguinte questão: poderiam, a receptividade ativa e a execução receptiva, interagir de forma equilibrada sobre as nossas tendências narcis-istas e social-istas, em prol do desenvolvimento psíquico, intermediado pelo senso-comum?

A receptividade ativa pode ser vivenciada se ambos puderem passar pela elaboração do feminino, em que menino e menina voltados ao primeiro objeto, introjetam e criam um mundo intrapsíquico (feminino) em busca de identificações, por meio de relações de objeto reais. Essa convergência perceptiva entre sensações internas – suas necessidades e o mundo externo e suas pressões – confirma a passagem da passividade à atividade, por meio da identificação com a atividade (função masculina da maternagem) da mãe. Assim, a aquisição desse espaço, e sua ampliação com o correr do tempo – surgido desse momento da "fase da feminilidade" (Klein, 1975/1990), com toda a ambivalência que esta contém, podem promover uma parte executiva (masculina) desta feminina (execução receptiva). Se essa experiência de relação primeira for bem-sucedida, poderá propiciar um meio vivificante inter e extrapsíquico (no indivíduo, no par e no grupo).

Ribas (2013) em seu criativo trabalho "Continente ativo", considera ser:

> *este o momento, ao entrar em contato com um continente em que o conteúdo passa a ter caráter de contido, no sentido de passar a fazer parte de uma relação, com o continente, havendo a partir desse momento a criação de algo que o delimita. A partir desse ponto existe a possibilidade de que este conteúdo, ao entrar em contato com um continente gere uma experiência emocional, que pode ser processada pela função alfa, e este seria o momento em que há a passagem do físico para o mental. A experiência*

deixa de ser da ordem do sensorial e adquire uma qualidade psíquica, havendo a passagem para o campo do simbólico.

Otávia – Terceiro momento

Otávia chega contida e, ao mesmo tempo, com o olhar muito aberto, entra assustada e exultante, e comunica-me que está grávida. "Cheguei a pensar em não lhe dizer já... mas como não dizer? É o medo... E se eu perder de novo? Ao saber, já fui fazer ecografia... Está tudo bem... mas quero fazer toda semana... Não quero estragar tudo de novo. Fiz ontem a eco e não sei se vou aguentar esperar uma semana para fazer a outra. Já nem dormi direito essa noite"

Otávia e eu entramos no seu mundo assustador e desconhecido. Vimos o quanto, na sua vida, sua ansiedade a fazia precipitar-se em atitudes impensadas, duvidando de sua capacidade de espera, abortando muitas vezes seus propósitos mais trabalhados. Lembrou que, em certa ocasião, seu primo estava fazendo uma pipa e ela o ajudou em cada detalhe. Depois passou, insistentemente, a lhe pedir para irem soltá-la. Guarda como lembrança indelével, a imagem de seu primo brigando com ela, ao ter perdido a raia num pé de vento, culpando-a por não ter tido paciência. Disse para ela, muito brabo e irritado: "Tá vendo? Primeiro tinha que esperar secar, depois a gente tem que esperar o melhor vento. Hoje está ventando muito... Agora tenho que fazer outra, não me encha mais!", e saiu batendo a porta. Igualmente sentia que havia "contaminado" seu marido com sua impulsividade, já que agora ele também era assim, em relação a todas as coisas. Pudemos ver que seu pavor de "danificar tudo", se reapresentava nas suas relações, já que sentiu que chegou a esse mundo estragando a expectativa dos pais, que queriam um menino para assumir a empresa da família, e que, assumindo-a, decepcionava de novo (seu pai a questionou sobre o tempo de licença, dizendo-lhe para contratar uma babá para voltar de imediato a empresa). Inaugurar-se mulher, gestante de um bebê e tornar-se mãe, não era uma experiência bem-vinda.

Na sessão seguinte, chega dizendo que precisa falar do incômodo que lhe acompanhou desde a saída da última sessão, e comenta: "Sei que é óbvio... Eu mesma falei... Mas pensar que eu 'danifico'... é demais para mim... Não sei... Acho que não aguento". Refiro que aguentou vir conversar comigo para publicar seu desconforto e intrusão sentidos. Penso, crendo na contenção, que Otávia partilha comigo que se sentiu penetrada por conteúdos não passíveis de digestão para ela. Digo que teve coragem para trazê-los – aliada à esperança (espera) de encontrar em nossa relação espaço para cuidarmos desse desconforto – e que está cultivando dentro de si forças para levar a gestação adiante. As vivências novas desconhecidas ou conhecidas, mas não vividas, estavam sendo suportadas a fim de se transformarem em um "suporte" para ela e para seu bebê.

Vir para a análise era uma manifestação ativa de sua função masculina. Essa atitude a ajudava a acolher a sua função feminina que, agora, lhe permitia tornar-se mãe. "O processo psicanalítico tem, como matéria prima a saudável tensão surgida na confrontação inerente à alteridade" (Sapienza & Junqueira Filho, 2004).

Interagir duas funções psíquicas, masculina e feminina, na vida mental pode se converter em ações criativas integradas à realidade. A gravidez parece um bom exemplo. A mulher quando grávida passa a viver as duas funções em ação o tempo todo: a parte masculina, executiva, promove o desenvolvimento da criança dentro de si; a feminina, contém e acolhe essa experiência. O homem "grávido" igualmente interage dentro de si as duas realidades: a feminina (acolhimento)↔masculina (segurança) (Braga, 1996) ao conter suas próprias emoções, bem como ao transmitir essa segurança ao acolher sua mulher e o bebê em formação.

Otávia – Quarto momento

Nos três primeiros meses, Otávia e eu vivemos momentos dramáticos. A princípio, o pavor da perda da gestação (ainda não era um bebê para ela nos dois primeiros meses). Depois, o sentimento retomado de repúdio e exclusão do marido. Ela o ignorava. Pudemos ver juntas que ela construiu a ideia de que a mãe "de verdade" não era a "suficientemente boa", mas a autossuficiente que se bastava e que não precisava de um pai para seu filho, assim como não precisava de um parceiro. Poderia dispensá-lo agora. Assustada, disse, porém, que seu bebê não poderia "ficar sem pai", como ela que, por muito tempo, não tinha percebido a existência do seu próprio pai.

Otávia dicotomizava suas emoções entre as permitidas e as proibidas, baseada na crença de que sua fragilidade seria sinônimo de fraqueza. Vimos que seu marido representou, nesse período, sua desaprovação como mulher porque, afinal, "ele a engravidou". Considerou sua posição receptiva, como passiva – portanto, não possuidora de um "continente ativo" (♂↔♀), que contém um bebê, fruto de uma parceria.

Após a confirmação de que era uma menina, à qual o casal deu o nome de Margarida, vimos que sentiu uma esperança de que a intimidade que se iniciava com sua filha, por meio da intimidade em andamento entre nós duas, e com seu marido, pudesse fortalecer seu feminino, apesar de partilhar comigo, assustada, o sentimento da "barriga estar crescendo e fugindo ao seu controle". Essas emoções, conhecidas e trabalhadas, renovaram seu propósito de sonhar em abrir espaço para a filha poder "florescer".

Otávia – Quinto momento

Os meses seguintes foram intensos e Otávia muitas vezes me surpreendia com reflexões, pós-sessões, que partilhava comigo. Após o intervalo de final de ano, disse que não conseguiria ir adiante com a análise, já que se assustou muito, na minha ausência, pensando que, "decepcionar sempre os outros", seria demais para ela pensar que poderia "prejudicar a filha no seu próprio ventre". Chegou quase a me deixar uma mensagem, cancelando o trabalho, mas resolveu de última hora falar comigo pessoalmente. Braga (1996) aponta que

> *a integração de novas representações da realidade psíquica, pela elaboração de experiências presentes, vai acontecer sob a égide da pré-concepção edípica que encontra um meio vivificante na relação da dupla psicanalítica. Em áreas não mentalizadas, a pré-concepção edípica e estados protomentais sexualizados dominam a cena analítica. (p. 998)*

Conseguimos acolher seu pavor, afastando fantasias terroríficas que sinalizavam que, quem afasta (separa), abandona e estraga. Pudemos ver, entre outras coisas, que não desconsiderou nossa relação através de uma mensagem eletrônica, fria e distante. Veio sofrida, mas viva: seu susto era estar justamente levando adiante a gravidez, fisicamente e afetivamente. Disse-me: "Espero que a Margarida seja ela mesma!", apartando fantasias fusionais entre mãe e filha, e entre nós duas.

Dois meses mais tarde, Otávia chega gravidíssima, acariciando amorosamente seu ventre quase pleno, graciosa em um vestido longo, de fino tecido, com os seus cabelos soltos; ao dirigir-se ao bebedouro, evoca-me a canção:

> *Eu vi a mulher preparando outra pessoa*
> *O tempo parou pra eu olhar para aquela barriga.*
> *A vida é amiga da arte*

É a parte que o sol me ensinou.
O sol que atravessa essa estrada que nunca passou...

(Veloso, 1978)

Senta e calmamente conversa comigo: não iria continuar a análise por obrigação (estávamos conversando sobre isso nesse período, pois era assim que ela sentia) ou como garantia (já que sabia que esta não existia) de que não "desfolharia sua Margarida". O sentir-se acompanhada tinha-lhe permitido seguir até aquele momento. Sentia-se grávida e não mais estranha ao conversar com sua filha em momentos de intimidade. E sentia, então, "não caber mais nada". Eu, sofridamente impotente, apreendendo "não caber" mais nenhuma colocação minha que pudesse reverter aquele quadro, fui embalada pelo retorno da música:

Por isso uma força me leva a cantar,
Por isso essa força estranha...

(Veloso, 1978)

A música revelada dentro dessa experiência emocional, nessa sessão, era uma *reverie* que apontava para a capacidade construída de sofrer o trauma sem ficar detida por uma transferência fantasmagórica. Coloquei então, que "estranha" ela não era mais ao perceber seu "limite" e que agora essa lhe era uma experiência familiar, como a chegada da Margarida, que iria transformar o até então exclusivo casal, em uma família.

Senti na hora, e analisei depois, que era o que Otávia, naquele momento, podia suportar, na medida em que se retomaram temores e negações diante de sua necessidade/dependência de cuidar e de ser cuidada.

Considerações finais

A verdade não está nos próprios objetos,

mas na relação entre eles.

Bion, citado por Bléandonu, 1993

Retomo as ideias desenvolvidas neste capítulo, com algumas aproximações dentro do tema proposto.

Ao iniciar essas considerações reflexivas com a "relação sexual", avalio que esta pode vir a ser uma experiência emocional, quando o pênis se torna conteúdo (♂) ao penetrar o "continente ativo" (♀vagina), transformando-se – vagina e pênis – em continente↔ contido (♀↔♂). Ao captar o ato criativo do par, essas duas funções se entrelaçam e essa relação sexual poderá tornar-se uma experiência vincular, quando as funções psíquicas feminina e masculina interagirem.

Com Otávia, reporto-me a Bion (1963/2004), que nos convida, por meio do modelo de relação vincular mãe/bebê, a captar momentos de im/possibilidade para a alfa-beti-zação através do amor e para o amor. Aponta-nos que terrores inimagináveis do bebê – depositados (♂β) na mãe continente (♀), digeridos e filtrados por ela por meio da função alfa e devolvidos como conteúdos α (♂α) para o bebê – podem ter a possibilidade de transformar-se, nesse momento, em algo verdadeiramente contido, no sentido de passar a fazer parte de uma relação vincular da função feminina e da masculina (♀↔♂) no interior da vida psíquica.

> *O analista se insemina. Sem perder a sua própria feminilidade, passa a "digerir" por reverie algo que passa, no trânsito F←M, a ser um alimento. Seguir-se-ia um exercício de masculinidade do analista F→M, sob a forma da construção e interpretação parecer-me potente, pródigo . . .*

> *Do paciente também se demanda uma possibilidade de ser alimentado e inseminado, e as funções feminilidade↔masculinidade vão se alternando em cada integrante do par, intrapsiquicamente, e entre os dois, relacionalmente. (Sandler,1999, p. 473)*

A dualidade, que muitas vezes nos suscita oposição, antagonismos e seus paradoxos, torturantes indagações dos nossos limites, pode sinalizar, como apontam Sapienza e Junqueira Filho (1997), que

> *as tradições míticas deixam entrever que a função do amor não é meramente de harmonizar antagonismos ou integrá-lo numa só unidade, mas sim, primordialmente, de gerar uma cooperação entre os seres permitindo que cada um seja mais e, ao mesmo tempo, amplie sua conciliação consigo mesmo. (p. 185)*

Se pudermos consentir e humildemente aceitar que a incompletude e a aquisição de um espaço mental interno (função feminina dentro do homem e da mulher) podem suscitar a busca e a execução (função masculina em ambos) – inscrição para o criar –, poderemos ter um suporte intrapsíquico para expandir nossas relações (extrapsiquicamente), em um convívio de transformações criativas.

Na exposição de arte de Richard Macdonald, que visitei em Las Vegas (2014), admirei a escultura *The Ritual Column*, na qual as colunas (que suportam edificações) brotam do chão (húmus-humanidade) distintamente e, em-par-elhadas, apontam-nos o mo(vi)mento singular de duas potências (função masculina e feminina) que em harmonia favorecem o encontro criativo. A experiência emocional que essa obra de arte me propiciou pode ser nominada de "união", como Teilhard de Chardin (2006) assim a denomina: "A união cria; a União diferencia; a União personaliza" (p. 29). A arte expressa essas duas forças distintas em movimento e em harmonia.

Quanto tempo se precisa para a construção de um equipamento interno que permita a interação do feminino↔masculino no interior da vida psíquica, como duas potências em mo(vi)mento vivo?! Quanto tempo é necessário para afastar terrores de indiferenciação, de açambarcamento ou/e de ferida narcísica que emergiram no *setting* analítico em função da recusa de percepção da necessidade de análise?! De quantos abortos sobrevive uma mente incansavelmente em formação, e a quantos nascimentos "a termo", prematuridades, cesuras (interrupção/continuidade) vivemos, renovada e enlutadamente, para conjugar o continente (♀) com o conteúdo (♂), na relação com o outro?! Quanto tempo se necessita para o convívio harmônico, por meio da função alfa (internalizada), se possível com os objetos internos vinculados do feminino↔masculino na vida psíquica?! Quanto tempo?!

A música permaneceu reverberando em mim:

> *Aquele que conhece o jogo, do fogo das coisas que são.*
> *É o sol, é a estrada, é o tempo, é o pé e é o chão...*
> *Por isso uma força me leva a cantar.*
> *Por isso é que eu canto, não posso parar.*
>
> (Veloso, 1978)

Referências

Bion, W. R. (2004). *Elementos de psicanálise* (J. Salomão, Trad.). Imago. (Trabalho original publicado em 1963)

Bléandonu, G. (1993). O último período. In *Wilfred R. Bion: a vida e a obra 1897-1979* (pp. 219-255). Imago.

Braga, J. C. (1996). Função masculina, função feminina e função alfa. *Revista Brasileira de Psicanálise, 30*(4), 997-1003.

Chasseguet-Smirgel, J. (1975). *A sexualidade feminina* (T. Pontes, Trad.). Vozes.

Fairbairn, R. (1978). *Estudio psicoanalítico de la personalidad* (5a ed., H. Friedenthal, Trad.). Hormé. (Trabalho original publicado em 1952)

Freud, S. (1976). A feminilidade. In S. Freud (Org.), *Edição standard brasileira das obras psicológicas completas de Sigmund Freud* (Vol. 22, pp. 109-130, J. Salomão, Trad.). Imago. (Trabalho original publicado em 1933)

Freud, S. (1996). Três ensaios sobre a sexualidade. In S. Freud, *Edição standard brasileira das obras psicológicas completas de Sigmund Freud* (J. Salomão, Trad., Vol. 7, pp. 119-231). Imago. (Trabalho original publicado em 1905)

Kant, I. (1998). *Crítica da razão pura* (2a ed., M. G. Morente, Trad.; Rev. V. Rohden & U. B. Moosburger). Vozes. (Obra original publicada em 1781)

Klein, M. (1990). *El psicoanálisis de niños* (A. Aberastury, Trad., Vol. 2). Paidós. (Trabalho original publicado em 1975)

Klein, M. (1991). O desenvolvimento psicossexual da menina. In M. Klein, *Psicanálise de crianças* (Cap. 10, pp. 206-222, Durval Marcondes, Trad.). Imago. (Trabalho original publicado em 1932)

Laplanche, J., & Pontalis, J. B. (2004). *Vocabulário da psicanálise* (P. Tamen, Trad.). Martins Fontes. (Trabalho original publicado em 1967)

Ribas, A. (2013). Continente ativo: um exercício teórico-clínico. Trabalho apresentado na Jornada "Aplicações clínicas da teoria do pensar de W. R. Bion". Grupo Psicanalítico de Curitiba.

Sandler, P. C. (1999). Uma teoria sobre o exercício de feminilidade↔ masculinidade. *Revista Brasileira de Psicanálise, 33*(3), 459-484.

Sapienza, A., & Junqueira Filho, L. C. U. (1997). Eros tecelão de mitos. In M. O. de A. F. França (Org.), *Bion em São Paulo: Ressonâncias* (pp. 185-200). Sociedade Brasileira de Psicanálise de São Paulo; Imprensa Oficial do Estado.

Sapienza, A., & Junqueira Filho, L. C. U. (2004). Fatores de conjunção e disjunção no relacionamento de parceria fértil e criativa. Trabalho apresentado no Bion 2004, São Paulo.

Teilhard de Chardin, P. (2006). *O fenômeno humano* (J. L. Archanjo, Trad.). Cultrix.

Veloso, C. (1978). Força estranha [Música]. In R. Carlos, *Força estranha [Álbum]*. Columbia Records.

2. Medusa – Função feminina: conter, mediar, intuir e proteger[1]

Antes do mito propriamente dito, a Medusa sempre me atraiu, como figura estética. No entanto, o que encontrava como seu significado, de petrificar quem a fixasse com o olhar, me provocava afastamento e recusa.

Atribuo essa repulsa ao fato de não assimilar o que dela se dizia e preferir permanecer com o que ela me evocava, instigando-me por fim a "encarar" o meu genuíno interesse, com menos temor de me petrificar. O intuito de romper esse pacto mortífero, por meio do enfrentamento, buscou preservar o embrião da reciprocidade estética a fim de possibilitar sua ressignificação (Sapienza, 2006).

Começo com Perseu, que foi convocado para decapitar Medusa com a ajuda dos espíritos de Hermes e Athena, que lhe forneceram os meios necessários para cumprir a promessa. Athena lhe ofereceu um

1 Publicado em 2020 no *Jornal de Psicanálise*, 53(98), 257-272.

escudo semelhante a um espelho, e o aconselhou a não olhar a Medusa de frente, pois seria petrificado imediatamente; o olhar devia ser indireto, mediado pelo escudo, pelo qual visualizava sua imagem. Hermes lhe dá sandálias aladas e uma espada.

Medusa era a única mortal das três Górgonas, "demônio-feminino de olhar terrível" (Brandão, 1997, p. 470). Seus olhos flamejantes e o olhar penetrante eram espantosos e temidos não só pelos homens, mas também pelos deuses. Vale apontar que, em momento anterior da narrativa, o mito contempla o fato de que Poseidon, fascinado que estava pela beleza de Medusa, violou-a dentro do templo de Athena, e a engravida. Indignada pela profanação do seu santuário, Athena pune a concorrente transformando-a em Górgona. Esse ato culmina por encerrar os filhos concebidos com Poseidon dentro dela.

Para realizar a tarefa que lhe cabia, Perseu pairou acima dos três monstros, que dormiam, e, sem olhá-la diretamente, refletiu a cabeça de Medusa no escudo, conseguindo decapitá-la. De seu pescoço ensanguentado saíram os dois filhos: o cavalo Pégaso e o gigante Crisaor. O sangue que escorreu do pescoço do monstro foi recolhido pelo herói, pois esse sangue tinha propriedades mágicas: o que correu da veia esquerda era um veneno mortal, instantâneo; o da veia direita era um remédio salutar, capaz de ressuscitar os mortos.

Ao retornar vitorioso, Perseu devolveu as sandálias aladas, o alforje e o capacete a Hermes e a cabeça de Medusa a Athena, que a colocou no centro de seu escudo.

Algumas reflexões com base na clínica

Tamara chegou como quem chega do nada. De compleição física de impor respeito, se escondia encurvada no próprio corpo. Lentificada no andar e na fala, apresentou-se como "deprimida". Jovem senhora com feição circunspecta, olhar assustado, cabelo escorrido e ralo grudado na cabeça, evocava em mim repulsa e interesse! Disse que tinha se casado bem jovem, que tinha dois filhos, "que já haviam saído de casa", e que ela "não saía de casa pra nada". Quando mencionou seu casamento, disse que tinha tido uma "grande decepção!". Tinha feito terapia por um bom tempo, mas faltava muito, até que recebeu um recado da terapeuta dizendo para não ir mais: "mas eu ia continuar!" (demonstrando ter-se sentido rejeitada). Sua feição denotava uma desistência antiga da vida, parecia uma "morta/viva", sem, no entanto, deixar de transparecer uma vivacidade contida. Pensei: que mulher instigante! Que enigma continha Tamara que me aproximava do mito da Medusa?

Começamos a análise com ela chegando costumeiramente atrasada: "Não sei calcular o tempo e não sei escolher nem a roupa que vou usar... sou muito indecisa... Fui diagnosticada com '*déficit* de atenção'!". Isso em mim causou surpresa, uma vez que não a sentia desatenta nem distraída. Pelo contrário, não confundia os nossos horários, diferentes a cada dia da semana, nem as datas de pagamento. Demonstrava-se até mesmo "ligada" e cuidadosa com nossos combinados referentes às suas faltas, em função das crises, motivadas pela esclerose múltipla, que a acometiam. Apontei isso a ela, que de pronto se surpreendeu, arregalando o olho, e, com ar entre descrente e esperançoso, disse: "sempre acreditei no meu *déficit*!". Em uma dessas esperas, por causa de seu atraso, constatei que dificilmente Tamara dava sinal de sua chegada (sinal de vida!), tal seu silêncio no andar, no cuidado com a porta da entrada, indo calmamente ao bebedouro encher um copo de água, antes de entrar na sala já aberta. Nesse dia, a sessão se desenrolava morna, com ela se queixando de seu "mal-estar" e de que as "coisas não caminhavam". Em um determinado momento, vindo em minha mente o descrito anteriormente, digo:

A – Você acha que sua presença não é notada, que você não faz diferença nenhuma e que passa despercebida...

Após alguns instantes diz, como que demonstrando sentir ter sido pega em flagrante:

T – Sempre achei que passava despercebida na minha casa... na minha infância toda. Que não era vista!

Nessa hora lembro que ela e a irmã, que morreu bebê, tinham o mesmo apelido e, após um período de silêncio, digo:

A – Então quem aparecia era a Samara, e não a Tamara! (Penso: ela seria o monstro... que matou a irmã? Assim ela não pode viver e passa despercebida para não mais matar?).

T – (Fala como que apontando algo óbvio) *Só existo porque ela morreu! Depois que fiz as contas, vi que, se ela não tivesse morrido, eu não teria nascido...*

(Silêncio)

A – Assim você dá a sua vida pra ela viver...

(Longo silêncio)

T – Sempre pensei que atrapalhei minha mãe com meu nascimento, e ela me confirmou isso... Ela disse que eu nasci muito parecida com a Mara... e que pensou que ela tivesse ressuscitado...

A – Mara... Você também é chamada de Mara. Só que você é Tamara, e não Samara!

Depois de um tempo que me pareceu de uma reflexão profunda, diz:

T – Como podia ser ela?... Agora não sei nem ser eu mesma... E vai dar para saber? Ainda dá tempo?

Medusa e Athena

Etimologicamente,

> *Médusa está presa à raiz indo-europeia med, que, em outras línguas aparece com significações diversas: no latim modus, "medida, moderação", meditari, "refletir, meditar". Por vezes, o radical med, que originou o nome grego Médusa, significa "assumir com autoridade as medidas apropriadas. (Brandão, 1997, p. 470)*

Athena tem como primeiro elemento em seu nome Ath, "mãe", e o segundo elemento é uma forma grega, na-awaiã, com o sentido igualmente de "mãe". Sendo assim, Athena seria uma "Grande mãe" (Brandão, 1997, p.136). Sua bravura é calma e refletida. Antes de tudo, ela é guardiã e "Protetora". Deusa guerreira, essa grande mãe é ainda a deusa da inteligência, da razão, do equilíbrio, do espírito criativo, e, como tal, guarda as artes, a literatura e a filosofia, e toda e qualquer atividade de espírito. Deusa da paz, é boa conselheira, garantindo a justiça.

Aproximações da clínica com o mito

> *A experiência vivida da alteridade, do outro, dos outros em nós, é no divã que a fazemos, dia após dia, nessa reminiscência do íntimo estranho que é o Unheimlich. Os limites do nosso "eu" não estão mais demarcados, tampouco estão as fronteiras entre o fora e o dentro, que separam os mortos dos vivos.*
>
> Pontalis e Mango, 2013, p. 89

Os mitos nos ajudam a entender as relações intra e intersubjetivas humanas e guardam em si a chave para o entendimento do mundo mental. A mitologia grega, repleta de lendas e contos sobre deuses, deusas, batalhas heroicas e jornadas no mundo subterrâneo, revela-nos a mente humana e seus meandros multifacetados. Personagens como Athenas, Perseu e Medusa podem vir em nosso auxílio para nos aproximar do desenrolar diante do entranhamento que sugere ser um mito pessoal (Bion, 1963/2004), como o de Tamara. Bem como do estranhamento dos limites e fronteiras entre "o fora e o dentro que separam os vivos e os mortos", como sugere Pontalis na epígrafe.

Como esses personagens míticos se aproximam de Tamara? Qual a sua maldição? Ter sobrevivido, diferentemente da irmã? Condenada a uma verdade inexorável segundo a qual ou cura ou envenena? Que não poderia viver nem ser Tamara, sem condições de conter em si o mistério da vida, a não ser para confirmar seus desígnios de morta/viva?

Como no modelo do escudo refletor, fui trabalhando "indiretamente" sobre os monstros alucinados de Tamara, considerados reais por ela, recorrendo às representações dentro da experiência emocional vivida com ela, dos objetos "refletidos" em sua mente. Tamara construiu um modelo de vida atrelado à morte – "vegetando" –, em nome da irmã sem vida. Ao mesmo tempo que se sentia "venenosa" por ter usurpado seu espaço, era a salvadora da irmã – "sendo ela" –, dando-lhe vida. Esses monstros alucinados enclausuravam Tamara e constantemente ficavam expressos nas crises de dor sentidas no corpo, que a "paralisava".

Para "realizar", conforme Bion (1963/2004), a transformação de uma pré-concepção em um fenômeno mental acessível, a empreitada pode ser digna de uma batalha mitológica. Se considerarmos que a Medusa pode significar aquilo que paralisa, se este for enfrentado, pode, posteriormente, transformar vivências terrificantes em um continente protetor? E conter em si pensamentos contidos (fertilidade)? "O primeiro 'escudo' mental disponível para o bebê é a mãe, que o protege continuamente da força da experiência através da sua própria atividade psíquica" (Likierman, 1994, p. 294).

O mito sugere que a busca de um modelo para transformar uma vivência persecutória remonta a emoções primeiras, pré e pós-natais, e pode aqui sugerir o pavor daquela que dá a vida e igualmente pode tirá-la. Urge assim desmitificar o mito internalizado. Tamara sugere emoções de impotência diante da potência mortífera da mãe e dela mesma, diante dos mistérios da vida e da morte. Quem deu à luz a Samara, a tirou? É a mesma que deu à luz a Tamara e pode tirá-la?

Se olhar a Medusa sugere ser a visão horrorizada dos genitais da mãe (Freud, 1922/2011), associada no mito com a degola e a morte, penso que é pertinente contemplar o inexorável "trauma do nascimento" (Freud, 1924/2011). É o nascimento que inaugura a passagem de um mundo contido, aquoso (de filtragem e nutrição) e movimentos restritos, para um mundo aéreo (de respiração e digestão) com amplos movimentos e consequente desamparo. Localizo também em Freud (1923/2012) o registro de que a vagina é "estimada como abrigo do pênis" (p. 175), o qual, portanto, necessita de continência. Assim, a decapitação da Medusa pode passar a ser potência e vida, alma e vitalidade, à medida que daí nasce o símbolo da liberdade (o cavalo alado Pégaso) e o gigante Crisaor com uma espada de ouro. O que morre quando uma mãe dá à luz? Tamara aspirava a uma vida ímpar, sem irmãos (tinha seis!), silenciosa de existência, para não se dar conta de sua incompletude e desamparo diante de um casal criativo. Esta hipótese me ocorre por Tamara "viver" sob a sombra da irmã morta, sugerindo autossuficiência. O "bastar-se" (puro desamparo!), ela me passava subliminarmente, não só pela sua chegada "sem presença", já que não "precisava estar ali", como não "precisava" estar na família, já que era sua irmã que estaria viva por meio dela.

Se a Medusa, aqui sugerida como representante do feminino, ficasse ressentida e só olhasse para trás, se queixaria de ser a única mortal das três irmãs Górgonas. Registraria sua decapitação como castração genital, portadora de fatal impotência. Ao não castrar o casal "pré-concebido" interno, aceitando sua fertilidade, pode abrir possibilidades de realizar a pré-concepção edípica (Bion, 1962/1966; 1963/2004) de um casal interno. Assim, a Medusa possibilita a expansão de sua potência até então recolhida, aceita a potência de Poseidon e dá à luz seus filhos.

Tamara chega não percebendo sua potência como vivente e, assim, não aceita a potência do casal parental misturando-se com sua irmã morta. Uma "viva/morta", como captei em nosso primeiro encontro!

Tamara identificou-se com o veneno mortífero da mãe que deu a vida a Samara e a "tirou". Por estar impossibilitada de lidar com o objeto total materno, identificou-se com a morte, e não com o milagre da vida, não com um casal produtivo que cria mais uma vida, a sua.

Encarar o feminino

Encarar não quer dizer enfrentamento e/ou destituição. Se o útero, misterioso espaço secreto, aguarda, encarar pode ser acolher. Se acolher é elemento da função feminina, o útero-continente acolhe a vida mental (conteúdo) em um continente protetor para delimitar e mediar os estados de mente. A função analítica quando assim se procede permite que estados mentais saturados, vividos na relação, possam fazer a passagem do estado físico para o mental. Esta, permeada pela intuição, possibilita a existência de um manancial em que a experiência, até então exclusivamente sensorial, passe a adquirir uma qualidade psíquica por meio da experiência emocional partilhada.

Com o andamento do trabalho analítico, Tamara chega diferente:

T – Ontem foi aniversário do meu casamento. Nunca mais falamos nessa data... fico sempre esperando que meu marido se manifeste... (silêncio), *mas desta vez não esperei, e ele disse que estava lembrando desde cedo. Me abraçou e disse: "Não sei viver sem você". Aproveitamos (dando pouca ênfase) e saímos para jantar.*

A – Aproveitaram? Você paga para não sair de casa, enfurnada com seus terrores, esperando... esperando... até ele te trazer comida comprada pronta... (Há muito ela deixou de cozinhar, e disse que antes apreciava muito fazê-lo).

T – É que ele tinha que levar uma placa de computador para um cliente... sugeri então comermos comida japonesa, de que ele gosta muito. Fomos no NAKABA... Ele comeu muito, e há muito eu não tinha tanta satisfação de comer!

A – Um amor que não se AKABA!

T – (Rindo) *Ele diz que, sendo um italiano glutão, gosta de ir lá porque a comida "NUNKAKABA"!* (Ri, levantando o rosto pleno de satisfação). *E completa: Dormimos juntos essa noite!* (Dormiam em quartos separados desde que os filhos saíram de casa).

Recordo, nesse momento, que ela havia me confidenciado, assim mesmo como um segredo que ela tinha para consigo mesma, que "tudo" havia degringolado quando ele, uns anos atrás, havia lhe dito que tinha perdido todo o interesse por ela e que havia se apaixonado ("amor platônico") por outra mulher. E que tal declaração tinha sido uma "grande decepção". Mostrando para mim a sua ferida, disse: "aí... murchei"! Tamara, abalada, revive nesse momento conjugal o sentimento familiar de ser novamente "trocada". "Substituída." "Rejeitada." Foi assim que Tamara me passou sua emoção.

A ferida

Às vezes, penso: no fundo tenho medo de mulher.
E você não tem? Tem, bem que eu sei.
As ideias delas nascem num lugar que está fora do pensamento.
Daí vem nosso medo: nós não deciframos o entendimento
das mulheres. Suas superioridades nos medonham, mano.
Por isso, as concebemos em tratos de
batalha, versadas adversárias.
Couto, 2012, p. 99

A parte feminina ficou projetada na mulher, integrante tanto no homem quanto na mulher, em prejuízo (pré-juízo) do humano, denominado por Freud de "continente negro". O feminino assombra o humano em função de sua abertura que intermedia o interno e temido desconhecido por meio da sensibilidade, contenção e intuição. Sugiro encarar em nós o lado serpente, presente nos cabelos da Medusa, "símbolo da sabedoria intuitiva e da vigilância protetora" (Brandão, 1997, p. 140). A conotação pejorativa dada à serpente (cobra) sugere aspectos repudiados que a função feminina encerra, como a intuição, que muitas vezes é encarada como "coisa de bruxa".

O primeiro e natural movimento é a mulher ser vista como castrada. Ao se castrar o feminino no humano se perde a mediação que permeia nossa incompletude. A ferida pode ser narcísica por não nos bastarmos. O deslocamento da ferida[2] ficou no corte (fenda = gap), sem cicatrização, quando assim concebida, como a ameaçadora e misteriosa Medusa e como Tamara ao se deparar com o desamparo.

2 "Os vocabulários gregos e latinos de todos os níveis, do estilo da tragédia ao da farsa, comparam o ato sexual a uma ferida" (Pontalis, 2005, p. 116).

Suportar, dar amparo ao gap, contribui para transformá-lo em escudo protetor, ponte para o potencial continente passível de conteúdos criativos. O escudo protetor (função feminina), representado pela horrorosa cabeça da Medusa, passa a fazer parte de Athena, não é um acessório. A criação, o belo, o horror (sem juízo de valor), não vem para suprir uma falta, ela é expressão do ser. Com semelhança, Tamara timidamente vai inaugurando a passagem do útero disforme, murcho, improdutivo (parte de seu mito individual), para um continente com medida apropriada (sua própria), promotor de possíveis encontros férteis.

Função feminina: conter, intuir, mediar, proteger

> *A emoção do sublime – a terrível beleza, o horror que se torna pensável pela arte – consiste, afinal, no sujeito colocar distância adequada entre ele e o objeto fascinante e assustador.*
>
> Civitarese, 2014, p. 153

Encarar o desconhecido escuro, misterioso, que contém o segredo e o sagrado, unidos na intimidade, pode revelar "tanto seus riscos quanto sua vitalidade" (Clément & Kristeva, 2001, p. 219). E esse pode ser o belo, como presente na citação de Civitarese, de terrível beleza e de horror, que pode tornar-se pensável, e liberar o acesso com mais fé[3] à parte mais inacessível para o ser humano – o feminino. Como Schiller preconiza, citado por Pontalis e Mango (2013), "o Bem e a Verdade existem de maneira latente no Belo" (p. 70). Podemos ter, como ilustração, a dimensão desse encontro na descrição vivida por

3 "A mulher é mais vulnerável ao diabo do que o homem. Porque ela é mais carnal; porque, saída de uma costela de Adão, ela é 'torta'. Também porque a etimologia da palavra femina vem de fe e minus, o que significa, evidentemente, que a mulher tem menos fé do que o homem" (Clément & Kristeva, 2001, p. 161).

Ada Morgenstern diante da escultura de Perseu e Medusa, de Camille Claudel:

> *Teria sido o encontro do meu olhar com Perseu e Medusa o espelho refletindo meu duplo? O reflexo do meu próprio estranhamento diante dessa alteridade radical que mal posso reconhecer? Seria o encontro com o feminino em sua expressão mais bruta? . . . na densidade de sua tessitura, carrega os horrores de um medo primordial. Medo daquilo que nos lança à condição de incompletude e de solidão, medo da desordem e do informe. Medo dos destinos da paixão.* (Morgenstern, 2009, p. 205)

As primeiras experiências humanas são sensoriais, são sensações, portanto são experiências estéticas,[4] que, investidas pelos eventos da vida, juntamente com as características pessoais, criam uma vida interna, uma vida mental. A estética, que quer dizer sensação, não tem compromisso com desenvolvimento psicológico nem com maturidade. A Medusa retrata bem esse movimento. A expressão estética dela pode vir a ser a reintegração de partes cindidas e projetadas, sem intenção, apenas busca; tendo compromisso unicamente com a forma, e não com o conteúdo. Não é, portanto, explicativa. E, muito mais do que relacionar estados de mente, permite criar uma vida interna, uma vida de fantasia com símbolos, matéria-prima para as representações mentais, expressa pela criação artística. É a representante da própria vivência de ser humano, vivo. São experiências pessoais que adquirem um significado pessoal e que, associando esteticamente,

---

4 "A primeira experiência estética se baseia na sensação, laço este reforçado linguisticamente, pois a palavra 'estética' se deriva da palavra grega que significa 'sensação'" (Likierman, 1994, p. 280).

abrem caminho para desvendar, bem como para criar, uma vida interna, como abordo no Capítulo 9.

Observo na sequência que Tamara chega contando que ela e o marido voltaram a dormir em quartos separados, e que foi acometida por febres esporádicas, sem causa específica. Seu olhar que se tornara vivo, seus cabelos que se avolumaram e passaram a ter "corte" encontravam-se grudados no couro cabeludo, causando um impacto estético, anunciando sua ruína, acessível aos olhos. Com olhar distante, acabrunhada, me evoca perguntas:

Que terrores rondam sua mente?

Nova crise "esclorélica" (como a nominava) a ameaça... Ameaça o quê?

Ativam-se áreas traumáticas da mente de rejeição e abandono?

Que calores "malignos" a rondam? Que vulcão adormecido eclode?

Diante desse terror em que Tamara me convida a entrar, sou acometida por uma canção que me invade. Não sinto ainda movimento suficiente para me ater a ela e num segundo momento de filtragem, dando-me conta da letra, percebo que todo aquele seu encolhimento não fazia me afastar dela. Ele continha uma abertura, um gap, uma possibilidade, portanto um interior em construção. Decido então cantarolar a música para ela:

Você é meu caminho
Meu vinho
Meu vício
Desde o início
Estava você...
Meu bálsamo benigno
Meu signo
Meu guru

Porto seguro
Onde eu voltei.
Meu mar
E minha mãe
Meu medo
E meu champanhe...
Visão
Do espaço sideral
Onde o que eu sou
Se afoga!
Meu fumo e minha ioga
Você é minha droga
Paixão e carnaval...
Meu zen!
Meu bem!
Meu mal!...

(Veloso, 1985)

Atenta e reflexiva, fecha os olhos evocando-me Mia Couto (2012): "O adivinho cerrava os seus próprios olhos: se concentrava, todo dentro das pálpebras, até abraçar com seu escuro o escuro do outro" (p. 137). E repete pausadamente como para não perder o apreendido:

T – Meu bem... Meu zen... Meu mal...

E, como que vindo de um despertar, acrescenta:

T – Ah!... O médico orientou o meu marido a não dar nenhuma droga para a minha febre. Disse para observar...

Silêncio... e completa:

T – Ela tem cedido...

Nessa sessão, Tamara me aponta o horror e o fascínio, expressos pela música que emergiu em mim, fruto de nosso encontro: a incompletude e a solidão do seu escuro, com o meu. Saímos juntas das verdades incontestáveis para construir o continente e abrigar conteúdos, o símbolo e o simbolizado a caminho do pensar. Essa comunicação, quando bem-sucedida, abre possibilidade para o pensar, "observar", formando o protótipo dos pensamentos e, consequentemente, do aparelho para pensá-los (Bion 1962/1966). Bion nomeou esse movimento de relação continente-contido, propiciador e essencial para a manutenção das relações, como da vivência na relação analítica. Essa passagem de simples conteúdos para uma relação vincular parece ser o embrião do pensar, quando há o acasalamento do feminino (♀) com o masculino (♂) na mente (Bion, 1962/1996; 1963/2004).

"A febre tem cedido"... Assim ela me comunica. Cede para sair do mundo alucinado, paradisíaco e narcísico, que petrifica o interior, para o relacional, em andamento (que contém o bem... o zen... e o mal), transformando-o em um escudo feminino ativo em formação. Ao ser nominado o seu lugar no mundo, ganhou em permanência no trabalho analítico, contrapondo o seu mito individual e familiar de ocupação indébita. O lugar que acreditava ser da irmã Samara passa a ser seu. Ocupa o seu espaço, até então vago, "com autoridade", dentro de uma "medida apropriada", a sua própria.

Considerações finais

Olhar a Medusa em nós provoca uma tensão criativa semelhante ao "Conhece-te a ti mesmo", assim como a Esfinge que exigia de cada forasteiro o desvendar de seu enigma para não o devorar. Athena adota a cabeça feminina da Medusa como escudo, a meu ver, passando assim a reconhecer sua ascendência materna, sua mãe Métis, acolhendo-a como protetora, e aceitando assim sua função feminina ativa, mesmo que ela tenha nascido da cabeça do seu pai, Zeus, que tinha engolido sua mãe antes de ela nascer (Guimarães, 1983). "Os povos mais antigos localizavam a alma, vitalidade, poder e um demônio ou gênio (espírito divino), na cabeça" (Martins, 2012, p. 340). Só recentemente, na era científica, a cabeça passou a representar a razão. Assim, a cabeça, símbolo de poder e força, atributos comumente considerados masculinos, é apresentada neste capítulo como possível elemento da função feminina, independentemente do gênero, sob o vértice da contenção, mediação, intuição e proteção.

Freud (1923/2012) assinala que a deusa Athena se torna "inabordável" (p. 174) por afastar "qualquer pensamento de aproximação sexual", ao levar como escudo a cabeça da Medusa. Reflito que Athena "afasta os homens das cerimônias sagradas e dos mistérios reservados às mulheres" (Brandão, 1997), e, mais do que impedir penetrações, as intermedeia. Não é porque o continente-útero tem uma abertura que ele é automaticamente penetrável, mesmo sendo abrigo natural para o pênis. O feminino, ao ser parte atuante nessa aproximação – ao contrário de submisso –, sugere que o mediar venha a favorecer esse encontro, indicando em si a possibilidade da permissão receptiva consentida. A Medusa aceita ser "herdeira do ventre materno" (p. 175), dispondo-se a ser continente (função feminina) da vida, ao compor com Athena um escudo-limite com função de mediar, conter e proteger.

Se o mito pode representar o humano, ciente estou de que a dimensão escolhida não exclui as demais, e, por ser mais ampla e extensa, me convida a privilegiar o enfoque proposto. Consciente da complexidade do fenômeno apontado e de meu alcance atual, espero que a troca, que a escrita sugere, lance luzes novas para que possamos, com esse estímulo, fazer transformações criativas.

Encarar a Medusa, a função feminina em nós na medida apropriada (própria), é conhecer-se por meio do confronto estético que ela irradia, preservando o embrião da reciprocidade a fim de possibilitar sua ressignificação. Como tão bem descrito por Freud (1919/2010), o *Unheimlich* (inquietante estranheza) é na realidade algo familiar que se tornou estranho (*heimlich* – proteção, intimidade), vivido ambivalentemente como um "íntimo estranho" (Pontalis & Mango, 2013).

A possibilidade que a mente pode ter de compreender, modificar e conter as complexas identificações projetivas e introjetivas depende da qualidade da reciprocidade estética com o objeto inquietante. O que um dia foi uma mente por se desenvolver, cujo desabrochar foi prejudicado (ou impedido) pelos desastres psíquicos transformados em áreas traumáticas, ruínas a serem escavadas e restauradas, pode ser trazido como um modelo de abertura interna ao desconhecido investigado. Dessa forma, atribuo ao inicial embate estético vivido com a Medusa, bem como ao encontro analítico com Tamara, como o "rejeitado" feminino continente que foi encarado e acolhido através de transformações criativas subjacentes ao segredo e ao sagrado continente – mediado pela intuição, com proteção e contenção, fatores da função feminina da mente.

Referências

Bion, W. R. (1966). *O aprender com a experiência*. Zahar. (Trabalho original publicado em 1962)

Bion, W. R. (2004). *Elementos de psicanálise*. (J. Salomão, Trad.). Imago. (Trabalho original publicado em 1963)

Brandão, J. (1997). *Dicionário mítico-etimológico* (3a ed., Vols. 1-2). Vozes.

Civitarese, G. (2014). Bion e o sublime: as origens de um paradigma estético. *Livro Anual de Psicanálise*, *30*(1), 147-173. Escuta.

Clément, C., & Kristeva, J. (2001). *O feminino e o sagrado*. (R. Gutiérrez, Trad.). Rocco.

Couto, M. (2012). *Estórias abensonhadas*. Companhia das Letras.

Freud, S. (2010). O inquietante. In S. Freud, *Obras completas* (P. C. Souza, Trad., Vol. 14, pp. 328-376). Companhia das Letras. (Trabalho original publicado em 1919)

Freud, S. (2011). A cabeça de Medusa. In S. Freud, *Obras completas* (P. C. Souza, Trad., Vol. 15, pp. 326-328). Companhia das Letras. (Trabalho original publicado em 1922)

Freud, S. (2011). A dissolução do complexo de Édipo. In S. Freud, *Obras completas* (P. C. Souza, Trad., Vol. 16, pp. 203-213). Companhia das Letras. (Trabalho original publicado em 1924)

Freud, S. (2012). A organização genital infantil. In S. Freud, *Obras completas* (P. C. Souza, Trad., Vol. 16, pp. 168-175). Companhia das Letras. (Trabalho original publicado em 1923)

Grosskurth, P. (1992). *O mundo e a obra de Melanie Klein*. (P. Rosas, Trad.). Imago.

Guimarães, R. (1983). *Dicionário da mitologia grega*. Cultrix.

Klein, M. (1996). Amor, culpa e reparação. In M. Klein, *O complexo de Édipo à luz das ansiedades arcaicas* (A. Cardoso, Trad., pp. 413-464). Imago. (Trabalho original publicado em 1945)

Likierman, M. (1994). Significado clínico da experiência estética. *Revista Brasileira de Psicanálise, 28*(2), 279-307.

Martins, K. (2012). *O livro dos símbolos: reflexões sobre imagens arquetípicas*. Taschen.

Morgenstern, A. (2009). *Perseu, Medusa e Camille Claudel: sobre a experiência de captura estética*. Ateliê.

Pontalis, J.-B. (2005). *Entre o sonho e a dor*. (C. Berliner, Trad.). Ideias e Letras.

Pontalis, J.-B., & Mango, E. G. (2013). *Freud com os escritores*. Três Estrelas.

Sapienza, A. (2006). Psicanálise e estética: ressignificação de conflitos psicóticos e reciprocidade criativa. *Ide – Psicanálise e Cultura, 29*(42), 23-28.

Veloso, C. (1985). Meu bem, meu mal [Música]. In Gal Costa, *Meu bem, meu mal* [Álbum]. Polygram.

Winnicott, D. W. (1983). Teoria do relacionamento paterno-infantil. In D. W. Winnicott, *O ambiente e os processos de maturação* (I. C. S. Ortiz, Trad., pp. 38-53). Artmed. (Trabalho original publicado em 1960)

3. O feminino em nós, uma experiência interminável[1]

Adler colocou em uso, para o homem, a apropriada designação de "protesto masculino"; mas penso que "rejeição da feminilidade", desde o início, teria sido a caracterização exata desse traço notável da psique humana.

Sigmund Freud, *Análise terminável e interminável*

O título e a epígrafe deste capítulo expressam meus pensamentos, com base nas reverberações surgidas em mim sobre os elementos comumente atribuídos ao feminino, como conter, intuir, mediar e proteger. Um dos últimos escritos de Freud, "Análise terminável e interminável" (1937/2018), me estimulou a refletir sobre o ponto em comum vivido pelo homem e pela mulher, não obstante a diferença dos sexos, da rejeição da feminilidade, expressa na mulher pela inveja

1 Trabalho publicado em 2022 na *Revista Brasileira de Psicanálise*, 56(1), 169-178.

do pênis e no homem pelo temor de ser passivo diante de outro homem.

O fato que salta aos olhos é de que Freud incluiu a rejeição da feminilidade como uma atitude psíquica de negação da diferença dos sexos, como o maior obstáculo para o fim de uma análise bem-sucedida, por conter forte fator de resistência do ser humano a se submeter a outrem, pai e analista, para não se sentir em dívida. Advertiu ainda que, mais do que considerar uma análise como um processo sem fim, e mais do que encurtá-la, devemos cogitar o seu aprofundamento.

Passei a observar que é recorrente na clínica a valorização da ação, do fazer, do conteúdo (♂), próprio da função masculina, e não do ser, do continente (♀), o que prejudica o possível encontro criativo entre os dois. Bion contempla essa preocupação quando diz que, "nos eventos do consultório, antes que ♀♂ possa funcionar, é necessário encontrarmos o continente (♀)" (1963/2004, p. 53). Também me inspirei em Winnicott (1953/1975), que afirmou: "O elemento masculino faz, ao passo que o elemento feminino (em homens e mulheres) é, [sendo ambos vividos nas identificações primárias com a mãe, em que se] estabelece a experiência de ser" (p. 115).

Freud adotou como pilar de sua teoria o monismo sexual fálico, isto é, o pênis como centro, e tê-lo ou não o ter como sua premissa. Mesmo com a proposta de Klein de considerar que temos um "conhecimento inconsciente da vagina e do útero" (citada por Birksted-Breen, 1996, p. 99), o falocentrismo permaneceu como elemento principal.

André (1996) sugere que o primado do falo, longe de promover a aceitação da diferença dos sexos, concorre para a sua negação. No entanto, quando Freud abordou a rejeição da feminilidade no homem e na mulher, forneceu um caminho para levar em conta questões psíquicas que tenho vivido na clínica. Embora ele tenha considerado que essa rejeição não era "outra coisa senão um fato biológico, uma parte do grande enigma da sexualidade" (Freud, 1937/2018, p. 325), ao introduzir o enigma da sexualidade, abriu as portas para a bissexualidade psíquica, como mostrou em carta a Fliess (Freud, 1996) e retomou no *Manuscrito inédito de 1931* (Freud, 2017), ao afirmar que todo tipo de equilíbrio depende, por um lado, da extensão do masculino e do feminino inato e, por outro, da dimensão do vivido nas relações parentais.

No decorrer deste capítulo, enfatizo a presença da bissexualidade psíquica frente ao pensar monista sexual fálico – no que tange à mulher, a inveja do pênis como expressão da descrença de que o feminino em si possa ser potente e conter um espaço interno fértil e vitalizante; no que tange ao homem (ao masculino em si), a não submissão a outrem como expressão primitiva de que ser receptivo é sinônimo de desvalia e impotência.

Afinal, o que se rejeita?

> *Num certo sentido, todos os homens começaram por ser uma mulher. A mulher grávida não difere do seu filho senão já tarde. E o filho apenas muito depois se apercebe de algum desajuste entre o seu corpo e o que o circunda.*
>
> Valter Hugo Mãe, *A desumanização*

As primeiras experiências da vida, presentes desde o nascimento, são sensoriais e estéticas. Posteriormente, são acrescidas e investidas de significados pessoais próprios. Caso contrário, ficariam empobrecidas, limitadas ao sensorial. Se considerarmos que a primeira inscrição psíquica, primária e arcaica, advém do nosso vir ao mundo, após a cesura do nascimento, que contém em si o trauma da separação e, em seguida, o acolhimento materno, poderemos tecer conjecturas com base nessa primeira vivência como humanos ou na busca de ser humanos. Essas experiências iniciais serão integradas e investidas de significado no relacionamento com os objetos, para desenvolver o psiquismo capaz de pensar e experimentar emoções.

A primeira experiência com a mãe, ou com quem exerce a função materna, inscreve em nós, psiquicamente, a experiência emocional de amparo/desamparo, acolhimento/dependência e completude/incompletude. Essa vivência faz parte do elemento feminino fundante do psiquismo e/ou do registro originário do psiquismo, termos usados por diversos autores, como Birman (2001), Carneiro e Lazzarini (2016), Paim Filho e Quadros (2008) e Wolff (2009).

Stoller (1985) sugere que "o estágio mais inicial não é o de masculinidade, mas sim o de protofeminilidade, [por ser] uma condição induzida pela fusão que ocorre na simbiose mãe-bebê" (p. 242). Winnicott (1953/1975) considera o elemento feminino puro como organizador da noção de tornar-se si mesmo. Klein (1928/1996), por sua vez, descreve a fase da feminilidade, ligada à posição feminina arcaica, vivida tanto pelo menino quanto pela menina, porque ambos se voltam para a mãe como objeto amoroso; assim, "a fase da feminilidade se caracteriza pela ansiedade relacionada ao útero e ao pênis" (p. 220).

Os "bebês" desses autores conversam entre si enquanto indiferenciados da imago da mãe arcaica. Esse elemento feminino inerente à condição de sujeito psíquico receptivo nos inscreve, indelevelmente, como seres humanos incompletos. Valter Hugo Mãe, na epígrafe deste capítulo, sugere que todos os homens começaram por ser uma mulher. Penso que ele, mais do que enfatizar as questões de gênero, intui a parte feminina da mente como fundante do psiquismo.

Essa primeira investida com a mãe continente é condizente com as emoções primordialmente vividas, base para as futuras relações do bebê nessa imprescindível, compulsória e indiscriminada primeira relação, quando orienta sua libido em direção a uma vivência de satisfação na busca por atrair um objeto que identifique seu desamparo e sacie sua necessidade. Ferenczi (1908-1912/2011) sublinha que "a criança só gosta da saciedade porque aplaca a fome que a tortura" (p. 96). O bebê fica à mercê da potente proteção materna, mas também de uma mãe vulnerável, que igualmente necessita de amparo, junto com seu bebê. Essa experiência vivida – tanto pelo bebê menino quanto pela bebê menina diante de uma qualidade e quantidade de provisão ambiental – pode atender a dependência ou fracassar e culminar em uma internalização do feminino visto como extrema carência/dependência. O bebê necessita de acompanhamento, que varia na intensidade para mais ou para menos. Esse fato muitas vezes é registrado como falta, o que promove emoções de mágoa e desvalia, e assim "o bebê tem de se desenvolver sem a capacidade de ser, ou com uma capacidade mutilada de ser" (Winnicott, 1953/1975, p. 116).

A mãe que provê, às voltas com emoções de amor e ódio, pois a carência do bebê revela a sua própria carência, pode prepará-lo para a experiência de ambivalência e, com isso, permitir "à criança pequena ter mais confiança nos seus objetos reais e, consequentemente, nos seus objetos internalizados" (Klein, 1935/1996, p. 328). Estes ficam ancorados na fantasia onipotente do bebê de um seio criado por ele, que jorra ininterruptamente o leite, como defesa perante a sujeição a uma mãe insubstituível (Klein, 1940/1996). A vivência narcísica do amor à saciedade traz em seu bojo a indigência, a necessidade que inaugura o desamparo, em que a privação inibe e/ou estimula a busca. É necessária certa dose de atividade para alcançar uma meta receptiva, alerta Freud (1933/2010), e o anseio pelo objeto, identificado primariamente, implica dependência a ele. Se essa dependência for amorosa, poderá ser criadora, pois mobiliza a reparação e a preservação do objeto interno. Caso contrário, a dependência poderá ficar centrada na falta, promotora de ressentimentos, muitas vezes expressa por inúmeras "ações", pelo fato de o bebê ter se sentido lesado da presença de um seio que é (feminino), acuado pelo seio que faz (masculino).

Essas vivências contribuem para a rejeição do feminino em nós, vivências que são inscritas na psique como amparo/desamparo/carência, com seus componentes inerentes de sujeição, insuficiência e abandono. Não aceitar esses componentes como integrantes do continente feminino parece fazer parte da manutenção idealizada de uma mãe ambiente que tudo provê.

Ao desenvolver essas ideias, centrada no trabalho do feminino em nós, procuro distinguir a função feminina da qualidade do feminino (feminilidade), considerando a vivência com a alteridade o fator originário do ser, com todas as intempéries que o encontro analítico mobiliza.

A clínica: da recusa à aceitação, do aceitar ao receber

> *Temos procurado nos salvar, mas sem usar a palavra salvação para não nos envergonharmos de ser inocentes. Não temos usado a palavra amor para não termos de reconhecer sua contextura de ódio, de amor, de ciúme e de tantos contraditórios. Temos mantido em segredo a nossa morte para tornar nossa vida possível.*
>
> Clarice Lispector, *Uma aprendizagem ou o livro dos prazeres*

Luiz chegou com aparência de bem resolvido. Demonstrava saber o que queria. Procurou a análise porque sentia faltar algo que ele não conseguia encontrar e porque temia "ser descoberto". No transcorrer da análise, pudemos ver que se ressentia de não ter retorno financeiro à altura, mesmo tendo reconhecimento profissional. Seu verdadeiro terror era ser uma farsa. Isso apareceu quando conseguiu me contar que tinha agredido a namorada, o que culminou no término do relacionamento. Seus arroubos destemperados e violentos eram sempre justificados por ser comumente generoso e batalhador, um defensor dos pobres e desfavorecidos.

Entregar-se e integrar-se têm um componente em comum que supõe a presença da incompletude e a busca do outro para ser inteiro. A entrega, vivência própria do feminino, pode ser de busca quando se mantém o eu necessitado de complemento. O risco é estancar a dor e negar essas emoções, pagando-se um preço alto. Luiz pagava! Juntos, fomos gradativamente nos entregando à análise, criando um espaço para a integração de partes de sua personalidade até então cindidas.

Entre o terceiro e o quarto ano de análise, Luiz se assustou ao falar sobre suas brincadeiras frequentes no vestiário masculino do clube, pois achava que poderiam ser uma busca de afirmação viril por pura insegurança. Nessa época, estávamos mais próximos de sua sensível afetividade, até então camuflada. Foi um período rico de aproximações, de grande turbulência emocional, que ele chamava de conspiração contra o seu ser: "Não estou gostando do que estou conhecendo sobre mim". Ele sofria. Esse período foi precedido de questionamentos quanto à viabilidade de continuar a análise, com alegada falta de tempo. Em paralelo, ficava surpreso por estar se relacionando melhor com a atual namorada, até mesmo pensando em morar com ela, por seu trabalho estar rendendo e por ele estar ganhando melhor.

Quando a dor é evitada, recusada, isso impede o prazer do fruto criado. Luiz se policiava controlando sua violência, mas o temor era da sua própria capacidade. O terror de ser sem-limite, para ele, anunciava a incerteza da medida de um continente que mais abriga do que desampara. Em certa ocasião, observa: "Eu não podia deixar escapar minha fraqueza" – e depois de um breve silêncio – "minha fragilidade".

Sinto nesse momento que ele diz, sofridamente, ter necessidade de contar com o outro, demonstrando remeter a emoções em que o luto da mãe ficou comprometido no âmbito da desvantagem e da humilhação. Quando lhe digo que parece estar "sentido", afirma que faz sentido ele estar sentido. Conversamos sobre o fato de o luto passar a ser o da sua onipotência, pois agora aparece a sua carência, sem o aprumo, seu jeito habitual de ser.

O medo, como aponta Clarice Lispector na epígrafe, pode ser o de não usarmos a palavra amor "para não termos de reconhecer sua contextura de ódio, de amor, de ciúme e de tantos contraditórios". Da mesma forma, a indiferença e o desprezo de Luiz, presentes nas sessões, podem ser angústias disfarçadas e receio de falar sobre o que realmente importa. Por exemplo, sua inquietação de estar vinculado a mim e a possibilidade de viver uma relação amorosa, aceitá-la e recebê-la, ativamente, desmistificando-a das noções de subserviência e submissão.

Mobilizada pela clínica, na busca de como se constitui o continente feminino fundante do ser, penso que o espaço interno viabiliza a saída do subjetivo para vir a ser um continente com abertura, se não for destruído ou idealizado. Luiz protesta contra sua "fraqueza" até se aceitar como frágil, vulnerável e aberto a novas perspectivas.

A proteção e o desabrigo das primeiras identificações podem, muitas vezes, ser expressos em retraimento, intimidação e temor ao receber, como revela Luiz, os quais se manifestam independentemente de sermos homens ou mulheres. "O fracasso generalizado em reconhecer a dependência absoluta no início contribui para o temor à mulher no qual tomam parte tanto homens quanto mulheres" (Winnicott, 1959/2000, p. 404).

Reitero que as considerações apresentadas não procuram abordar a pessoa da mulher. A sugestão é para observar que o que se teme é a subordinação, associada à primeira experiência de acolhimento/dependência, próprio do feminino vivido e recusado em nós.

Bick (1967/1990) afirma que as flutuações desse estado primordial advêm da diferença entre a "não integração, enquanto experiência passiva de total desamparo, e a desintegração, que se dá através dos processos de cisão" (p. 195). Deparar-se com a exiguidade favorece a constatação onipotente de que algo lhe foi negado. Esse sentimento fortalece o papel de vítima, não necessariamente real, mas talvez alucinado, como nas transformações vividas por Luiz comigo, que as atribuiu à passividade, a qual se tornou sua porta-bandeira de ressentimentos. Essa vulnerabilidade foi registrada como centro vazio de uma falta que gerou um rosário de queixas capaz de satisfazer a urgência que o próprio vazio originou.

Podemos mensurar como é difícil internalizar o espaço interno, por ser invisível (próprio do feminino), quando identificado com vivências e fantasias temidas. Esse movimento corrobora pensarmos que o continente, que é oculto, pode ser facilmente rejeitado. Localizo isso também em Freud (1923/2012), quando diz que a vagina é um "estimado abrigo para o pênis" (p. 175); diante da necessidade de acolhimento e dependendo das emoções a que o "ser acolhido" remeta, a vagina, mais do que desejada, pode ser temida. No entanto, convém salientar que o feminino não é simplesmente sinônimo de abrigo. Quando o feminino em nós, em sua potência intrínseca, aceita o oculto "espaço interno", propicia a vida mental intersubjetiva.

Só assim poderá haver o embrião da vida mental, como Bion (1963/2004) preconiza, com interação entre o feminino (♀) e o masculino (♂) na mente, ao transformar o até então conteúdo (ocorrido na relação) em continente-contido (♀♂).

Considerações finais

Observo ser comum pensar os limites do feminino – amparo, contenção e proteção – como os únicos elementos esperados da função feminina (maternagem). No entanto, seus pares antitéticos – desamparo, desproteção e abandono – compõem esse fenômeno em uma dinâmica dialética interminável, que, quando aceita, favorece a contenção do novo, do espanto incerto e insuspeito, "conduz ao ser e constitui a única base para a autodescoberta e para o sentimento de existir, e depois à capacidade de desenvolver um interior, de ser um continente" (Winnicott, 1953/1975, p. 117). Sem continente constituído, não há vida mental. Ele a delimita para dar conta do ser. Encontrá-lo pode ser o trabalho do feminino a ser realizado para descobrir e/ou constituir o continente (♀), espaço interno – próprio do feminino –, com todas as intempéries que tal movimento exige, sempre dinâmico e renovável, um eterno vir-a-ser.

Luiz, identificado com a falta, rejeitava sua parte feminina, atacando e se defendendo. O ser um homem bruto, como se descrevia, era fruto de uma paixão narcísica encorajada pelo temor de ser invadido pelo outro (estupro), pois, na ausência de um espaço interno continente, era incapaz de penetração consentida. O feminino em Luiz ficava enterrado, sem viabilidade de descoberta interior – impossibilitado de exercer uma bissexualidade psíquica mais integrada –, o que favorecia a desmedida (*hybris*, orgulho) em prejuízo de uma medida apropriada (sua/própria). Muitas vezes, iludido com sua virilidade, defronta-se agora com as incertezas, abraçando sua vulnerabilidade. Este é um exercício do feminino em nós: ser potente sem conferir dominação nem submissão, com capacidade de contenção e discernimento para receber e aceitar.

Referências

André, J. (1996). *As origens femininas da sexualidade.* (V. Ribeiro, Trad.). Zahar.

Bick, E. (1990). A experiência da pele em relações de objeto arcaicas. In E. B. Spillius (Ed.), *Melanie Klein hoje* (B. H. Mandelbaum, Trad., Vol. 1, pp. 194-198). Imago. (Trabalho original publicado em 1967)

Bion, W. (2004). *Elementos de psicanálise.* (P. C. Sandler, Trad.). Imago. (Trabalho original publicado em 1963)

Birksted-Breen, D. (1996). Phallus, pênis e espaço mental. *Livro Anual de Psicanálise, 12*, 99-106.

Birman, J. (2001). *Gramáticas do erotismo: a feminilidade e as suas formas de subjetivação em psicanálise.* Civilização Brasileira.

Carneiro, C. A., & Lazzarini, E. (2016). Origens e destinos da feminilidade em Freud e na contemporaneidade. *Alter, 32*(2), 203-215.

Ferenczi, S. (2011). Transferência e introjeção. In S. Ferenczi, *Obras completas* (A. Cabral, Trad., 2a ed., Vol. 1, pp. 88-123). Martins Fontes. (Trabalho original publicado em 1908-1912)

Freud, S. (1996). Carta 52. In S. Freud, *Edição standard brasileira das obras psicológicas completas de Sigmund Freud* (J. Salomão, Trad., Vol. 1, pp. 281-287). Imago.

Freud, S. (2010). A feminilidade. In S. Freud, *Obras completas* (P. C. Souza, Trad., Vol. 18, pp. 113-134). Companhia das Letras. (Trabalho original publicado em 1933)

Freud, S. (2012). A organização genital infantil. In S. Freud, *Obras completas* (P. C. Souza, Trad., Vol. 16, pp. 168-175). Companhia das Letras. (Trabalho original publicado em 1923)

Freud, S. (2017). *Manuscrito inédito de 1931.* (E. V. K. P. Susemihl, Trad.). Blucher.

Freud, S. (2018). Análise terminável e interminável. In S. Freud, *Obras completas* (P. C. Souza, Trad., Vol. 19, pp. 274-326). Companhia das Letras. (Trabalho original publicado em 1937)

Klein, M. (1996). Uma contribuição à psicogênese dos estados maníaco-depressivos. In M. Klein, *Obras completas de Melanie Klein* (A. Cardoso, Trad., Vol. 1, pp. 304-329). Imago. (Trabalho original publicado em 1935)

Klein, M. (1996). Estágios iniciais do conflito edípico. In M. Klein, *Obras completas de Melanie Klein* (A. Cardoso, Trad., Vol. 1, pp. 214-227). Imago. (Trabalho original publicado em 1928)

Klein, M. (1996). O luto e suas relações com os estados maníaco-depressivos. In M. Klein, *Obras completas de Melanie Klein* (A. Cardoso, Trad., Vol. 1, pp. 388-412). Imago. (Trabalho original publicado em 1940)

Lispector, C. (1998). Uma aprendizagem ou O livro dos prazeres. Rocco. (Trabalho original publicado em 1969)

Mãe, V. H. (2013). *A desumanização*. Companhia das Letras.

Paim Filho, I., & Quadros, V. (2008). A guerra e o repúdio ao feminino: Troia como paradigma. *Revista Brasileira de Psicanálise*, *42*(4), 99-109.

Stoller, R. (1985). *Masculinidade e feminilidade: apresentações do gênero*. (M. A. V. Veronese, Trad.). Artes Médicas.

Winnicott, D. W. (1975). A criatividade e suas origens. In D. W. Winnicott, *O brincar e a realidade* (J. O. A. Abreu & V. Nobre, Trads., pp. 95-120). Imago. (Trabalho original publicado em 1953)

Winnicott, D. W. (2000). A preocupação materna primária. In D. W. Winnicott, *Da pediatria à psicanálise* (D. Bogomoletz, Trad., pp. 399-405). Imago. (Trabalho original publicado em 1959)

Wolff, M. (2009). Reflexões sobre o feminino. *Jornal de Psicanálise*, *42*(77), 157-165.

4. O masculino em nós, uma almejada e ameaçadora experiência[1]

Sabe lá o que é não ter
e ter que ter pra dar.
Djavan, *Esquinas*[2]

Freud (1925/2012) elegeu o falocentrismo como central na sua teoria. Em "Algumas consequências psíquicas da diferença anatômica entre os sexos", pondera que ter ou não o pênis, assim como a ameaça de perdê-lo, traz uma consequência psíquica que "requer urgentemente verificação, para que se reconheça se tem valor ou não" (p. 286).

Com base em sua ideia central, considero que o almejado pênis – não o real, físico, palpável, mas aquele cuja qualidade e função lhe confere força e firmeza – pode ficar ameaçado adiante da necessidade de ter um abrigo natural, um continente que o acolha. Birksted-Breen

1 Publicado em 2022 na *Revista Brasileira de Psicanálise*, 56(4), 105-116.

2 As demais epígrafes deste capítulo são da mesma canção.

(1996) procura distinguir o que seria o pênis-como-ligação (Eros) do *phallus* (Tânatos, que destrói a ligação), pois ambos pertencem a organizações psíquicas diferentes. Relaciona o *phallus* à falta inerente, à incompletude da condição humana, que representa uma completude ilusória. Associado à "potência fálica", o *phallus* pode se assentar mais no poder e no domínio, e menos no vigor da penetração com finalidade de ligação. No entanto, a autora ressalta que, em ambos os casos, eles vêm acompanhados de angústia pelo sentido de passividade inerente à busca por recepção e consequente abrigo.

Essa angústia com sentido de passividade sugere pensar que o pênis, sob o *signo da falta* (Gibeault, 1998), configuraria a sua incompletude ao necessitar ser contido, desconstruindo a sexualidade do menino como "completa" ao ter um "órgão sexual adequado" e uma "sexualidade específica desde o começo". Pretendo, desse modo, que o diálogo proposto entre o físico e o psíquico permita a interface dos fatores de conjunção e disjunção diante do almejado e ameaçado masculino em nós.

O continente (♀), ao aceitar e receber o conteúdo (♂), não o impede de ter mobilidade. O espaço/limite encontrado possibilita o movimento. Só assim poderá haver o embrião da vida mental, como Bion (1963/2004) preconiza, com a ocorrência da interação do feminino (♀) com o masculino (♂) na mente, ao transformar o até então conteúdo (ocorrido na relação) em continente/contido (♀♂). No entanto, quando existe a fantasia de uma superioridade masculina (complexo de masculinidade na vida mental), esta fica ameaçada e, muitas vezes, se expressa nas relações interpessoais pelo controle e desprezo, como prenúncio aversivo à considerada "inferioridade" feminina, sentida como mutilada.

A epígrafe musical pretende anunciar essa almejada atração humana, que igualmente atemoriza: "Sabe lá o que é não ter e ter que ter para dar". Isso se manifesta, intrapsiquicamente e intersubjetivamente, revelando a temida castração (dentro do monismo sexual fálico) e/ou a ameaça de "não ser aceito" na diferença (bissexualidade psíquica integrada), sinônimo de incompletude, única favorecedora do encontro entre a função masculina e a função feminina da mente. Mas a indiscriminação nesse encontro pode ser reveladora de graves perturbações presentes nas imprevisibilidades da vida, não somente no desenvolvimento psíquico. Assim, procuro fazer aproximações que permitam o desarme de elementos que "caracterizam supostos básicos de guerra, numa dinâmica primária de automatismos protomentais e mentais" (Sapienza & Junqueira Filho, 2004), primeiramente dentro de nós mesmos.

> *Ameaças de recorrência de novos colapsos mentais originam-se de material de recalque malignamente comprimido, que fica encravado, qual bomba atômica de alto poder energético de fusão e fissão. Se não for desarmada a tempo, poderá vir a ser detonada pelos acasos da vida com o surgimento de novos desastres, não só mentais. (Sapienza & Junqueira Filho, 2004)*

Esses fatores de disjunção, presentes na crença narcísica de que o masculino é completo e o feminino é mutilado, trazem a impossibilidade de uma "liberdade necessária para novas recombinações" (Bion, 1962/1980, p. 151), sendo impeditivos da constituição do ser psíquico propiciador da conjunção continente/contido (♀♂), elementos formadores do par criativo.

Para melhor compreensão das palavras utilizadas por mim, faço referência a Paim Filho (2014), que, "visando uma maior especificidade", delimita os termos "*feminilidade* e *masculinidade* à identidade de gênero", reservando o termo *feminino* à "característica de fundante do psiquismo" (p. 3). O termo *masculino*, eu o vínculo ao esforço rumo à instância psíquica estruturante que separa e une, à medida que o outro passa a existir.

Ser para dar/diferente de agir

Sabe lá o que é morrer de
sede em frente ao mar.

Djavan, *Esquinas*

A masculinidade narcísica, própria da qualidade do masculino quando centrada na ilusão da própria virilidade, contrapõe-se à função do masculino em nós, que executa e que faz, na busca do outro, por sentir que por si só não se basta. Desse modo, a elevada estima ao órgão masculino – sob o vértice tanto anatômico quanto falocêntrico – transparece, muitas vezes, em atitudes de pouca consideração à mulher (em questões de gênero, machismo), de aversão e até de horror a ela (Freud, 1937/2018), podendo ser também uma forma de expressão da abominação do feminino em si mesmo.

> *Sendo assim, seja áspero, sonoro, beligerante, abuse e fetichize as mulheres; seja amigo apenas de homens, mas também odeie os homossexuais; fale palavrões; despreze as atividades femininas. O primeiro regulamento da profissão de ser homem é: não seja uma mulher. (Stoller, 1985, p. 243)*

Essas manifestações do comportamento masculino – endossadas pela sociedade e com discurso próprio para convencer, sem pudor, mas com poder – mostram-se em manobras defensivas contra atributos próprios do feminino, vividos em si mesmo com temor e rejeição (Freud, 1937/2018). Considero que elas podem ser provenientes da *fase da protofeminilidade* (Stoller, 1985), em que a fusão com a mãe, nos primeiros meses de vida dos bebês de ambos os sexos, não causa problemas na menina. No entanto, pode muitas vezes ser rejeitada pelo menino, no espaço do feminino primário, da constituição da bissexualidade psíquica formadora da mente (Guignard, 2009), em que se dá a aceitação da diferença dos sexos. Tal experiência pode vir a ser bastante ameaçadora, presente muitas vezes na crença do menino de que o próximo a ser mutilado seja ele próprio, pois assim foi inicialmente vivido na relação primeira, quando inaugurada a presença da alteridade – e, portanto, da necessidade de amparo diante do terror de não ser aceito.

A consequente e exclusiva valorização no fazer, produzir e executar, como presente na violência e na troca de acusações (masculinidade tóxica), contém também o horror ao feminino (o feminino em si mesmo), internalizado como castrado, impotente e submisso. Não é raro pensarmos que isso possa ser expressão de uma precoce e imatura superação da rivalidade do feminino, oculto, primordialmente vivido e perdido (útero materno), em sua mais profunda e visceral verdade, que contém o lado mais sombrio, ferido e incurável: nossa primeira relação. O feminino pode ser interminavelmente reeditado como sinônimo de perda do primeiro objeto (luto não elaborado registrado como recusa), manifesto na eterna busca idílica por reencontrá-lo, muitas vezes expresso como algo a ser rejeitado ou mesmo temido, tornando estéreis as relações consigo próprio e com o outro. Essa primeira inscrição do feminino em nós, fundante do psiquismo, instaura a necessidade, sendo portadora do amparo e do desamparo que nos fere narcisicamente pela dependência do outro.

No entanto, ambos, menino e menina, têm uma necessidade de proteção contra a imago materna primitiva, por ser o feminino o "lugar do mistério e da morte" (Gibeault, 1998, p. 178), o "portador da má notícia, do desamparo, da morte, [pois nos remete] aos mistérios das origens do vir a ser humano" (Paim Filho, 2014, pp. 4-5). Isso é vivido como identificação feminina primária, em que menino e menina precisam assumir a perda do primeiro objeto e introjetar a mãe como escudo protetor, porque o desejo de separação e fusão se torna intenso. Mesmo que ambos possam ter destinos semelhantes, é fundamental a diferença vivida pelo menino, devido à necessidade de se "desidentificar da mãe arcaica e tornar possíveis as reidentificações secundárias" (Gibeault, 1998, p. 179). A desidentificação pode permitir que ele deixe de lado a angústia da perda da completude, sem temer ou invejar o pai nem o poder criador da mãe, e renuncie à plenitude narcísica. Essa transformação necessária remete à constelação edípica e à possibilidade de "movimentos de liberdade, que cada um de nós precisa ter para se inventar" (Vannucchi, 2009, p. 69).

Também podemos sugerir que o falocentrismo na obra de Freud talvez signifique um agravo diante da ameaça de castração, uma determinação de que o pênis não pode ser "perdido", como as fezes, consideradas um "pedaço do próprio corpo" (Freud, 1918/2010, p. 113). Desse modo, a primazia do falo (não à toa significa pênis sempre ereto), mais que configurar sua importância na diferença, concorre para a negação desta. Privilegia, portanto, a busca pela existência de um domínio único como forma de defesa diante da ameaça premente e inevitável da perda do seio (Klein, 1957/1991) – não só da perda do leite, mas de todo o objeto primário, tão próximo e depois inacessível, ainda mais quando não se pôde contar com uma mãe suficientemente acolhedora. "Sabe lá o que é morrer de sede em frente ao mar."

O modelo anatômico proposto por Freud pode vir em nosso auxílio, aproximando-nos mais facilmente do fenômeno psíquico, na esperança de que, ao olhar para o que está fora, possamos olhar o que está dentro sob o viés das funções psíquicas da mente. Isso é primordialmente experimentado com a mãe quando as necessidades básicas de alimento e proteção são vividas de maneira ativa. A fome é atendida com a penetração do seio na boca, e o leite, que precisa ser sugado, pode encontrar um abrigo interno para ser assimilado e tornar-se nutritivo. O pênis (seio) se submete a uma boca (vagina) ativa que suga e recebe, realizando a bissexualidade psíquica integrada. Assim como a vagina – que no seu ato de recepção ativa contém e abraça –, o pênis manifesta sua necessidade ficando ereto, rijo, para ambos potentemente se ligarem, unindo mãe e pai, feminino e masculino (♀♂). Essa ligação sustenta o funcionamento mental bissexual e edípico com função estruturante para o processo de pensamento.

Escrever/publicar

Só eu sei
As esquinas por que passei
Só eu sei, só eu sei.
Djavan, *Esquinas*

Podemos aferir essa experiência na dinâmica vivida quando escrevemos e/ou publicamos um artigo como este, por exemplo, trazendo ideias distintas para quem o lê, o que, no entanto, reflete a busca de que escritor e leitor se encontrem na fertilidade, no respeito às diferenças de ambos. A propagada ideia de que o escrever, o criar, o produzir (função masculina), por si só baste é uma atitude psíquica de negação da necessidade de ser recebido, acolhido e aceito (função feminina).

É indelével em mim uma experiência vivida nos idos anos de 1990, quando, em uma atividade acadêmica, disse a um professor – a quem admirava e considerava – que tinha lido seu trabalho sobre atendimento psicanalítico a famílias e o apreciado muito. Era um intervalo de nossa atividade, no tempo em que fumar em sala de aula era comum, e ele, demonstrando satisfação ao ouvir meu elogio, parou imediatamente de fumar e me perguntou do que eu havia gostado. O seu olhar expectante e interessado – aguardava-me falar (até o cigarro tornava-se cinzas no chão) – me desconcertou. Eu tinha apreciado a sua escrita clara, bem como a sua abordagem teórico-clínica, que fez muito sentido para mim (mas só consegui pensar isso depois). Sem poder me expressar, acreditando que ele quisesse saber do "conteúdo" do trabalho admirado por mim, premida pela investida inesperada, fiquei imóvel. Lembro-me ainda de ter me julgado leviana no meu elogio, por ter sido incapaz de recordar pelo menos um tópico do seu artigo. A aula então foi retomada, e lembro ter ficado um tempo olhando o professor e pensando que afinal ele não era assim tão "foda" como eu o via, pois o senti inseguro e carente, por "necessitar" de algumas palavras minhas sobre o seu trabalho.

Passaram-se muitos anos quando vivi algo semelhante e, de modo pungente, me lembrei daquela experiência. Em 2015, quando saiu meu primeiro artigo publicado na *Revista Brasileira de Psicanálise*, um colega me abordou falando que havia lido meu trabalho e gostado muito. Percebi, de imediato, que me segurei para não perguntar a ele do que havia gostado, pois tinha sido assaltada pela lembrança relatada. *Après-coup* me dou conta do que procuro trazer para pensar aqui, sobre a força posta e esperada do masculino ser sinônimo de autossuficiência. Costumamos conferir a ele poder e potência, afirmar que independe de abrigo, para fazer jus à descarga tensional/prazerosa, como acontece fisicamente na relação sexual. No entanto, Nepomuceno (citado por Greenson, 1998) diz acreditar que os homens são mais "inseguros sobre sua masculinidade à medida que percorrem um caminho mais complexo" (p. 265). A "publicação", própria da função masculina, vive essa experiência a cada empreitada, na expectativa controversa de aceitação ou recusa... Temores vindos... das "esquinas por que passei, só eu sei".

Ternura/agressividade

Só eu sei

Os desertos que atravessei

Só eu sei.

Djavan, *Esquinas*

Lúcia se apresentou como uma mulher "furiosa, teimosa, sem eira nem beira". Pelo fato – segundo a perspectiva dela – de ter se insubordinado ao que considerava ser uma tentativa de domesticação por parte da mãe, apanhou muito dos pais. Disse que isso a deixou revoltada, mas que depois cedeu. É evidente, porém, que uma emoção não suprimiu a outra. Demonstrava muita raiva por não ter o controle da empresa em que trabalhava, pois queria saber de tudo o que se passava dentro dela, e mais ainda por se considerar "sabedora" de tudo o que os "outros não percebiam".

Na análise passou a valorizar ter o controle de suas emoções como forma de aceitação do trabalho analítico. No entanto, a trama sutil se reapresentava em sua relação comigo, para assim que possível dar o bote e tornar-se "a sabida" sobre o "meu saber". Depois, passou a se considerar "a fodona" pela sua eficiência na empresa, até ser mandada embora. Disse, então, que o pai era o culpado por tê-la abandonado à própria sorte, e que seu destino era ficar sozinha e apanhar da vida. Vimos que oscilava entre o apanhar e o bater. Sua extrema solidariedade com os "carentes" remontava à pena que tinha de si mesma, a "coitada", que não nasceu homem e foi incapaz de impedir a saída do pai de casa, uma vez que ele queria muito "ter tido um filho macho".

Em uma sessão Lúcia chegou feito um homem ruidoso. Seu vozeirão tomava conta da sala com a intenção evidente de me intimidar. Era habitual ela ter opinião sobre tudo. Dedicava-se o tempo todo a encontrar nexo nas coisas e repetia suas histórias como para encontrar algo novo nelas que explicasse melhor as coisas, sempre melhor que na vez anterior. Nesse dia, seu jeito não era diferente. Buscava desenfreadamente que nada lhe escapasse, para assim poder agir com segurança e presteza. Agir era a sua necessidade. Disse que sua amiga, que tinha tido um bebê, sentia-se marginal, enterrada viva na obscuridade, e que aquela sessão era para saber como ajudá-la. Esse clima se prolongou por quase toda a sessão, até que me lembrei fortemente de uma cena do livro *Afetos ferozes* (Gornick, 2009) que muito havia me tocado, pela descrição clara e atordoante das emoções vividas nas relações, sobretudo entre mãe e filha. Mesmo sentindo que eu pudesse estar plagiando o livro, disse a ela que toda aquela conversa não tinha o poder de dissolver seu isolamento e sua necessidade de companhia. Demonstrando surpresa e susto, ela observou aliviada que, de fato, sentia-se sozinha, mas que ali, comigo, não se sentia solitária. Constrangida, disse que a amiga, na verdade, tinha uma linda vida interior. Tocada e envolvida por sua fala, tal era a sinergia do lido no livro com o vivido ali, e sentindo que ela também vivia comigo essa emoção, digo que ela própria estava surpresa por ter aquelas palavras ternas dentro de si.

Um pouco antes, no início da sessão, eu havia pensado que ela não gostava daquela conversa repetida, monocórdica, violenta consigo mesma, e que duvidava (ou temia) não ter um mundo interior fértil. Terminei a sessão dizendo a ela que, mesmo assustada, abrigou em si a ternura que mais temia sentir.

O comportamento agressivo pode ser a maneira encontrada pela criança de não voltar à união primeira e fusional com a mãe, como forma de vigor e energia, a fim de poder viver a separação. O masculino em nós pressupõe a primeira e inicial separação vivida pelo feminino e, portanto, a existência da relação de objeto, à medida que passa a existir o outro. Klein (1928/1996) sugere que manifestações excessivas de masculinidade vêm como compensação para as angústias derivadas do período de fusão com a mãe, momento feminino vivido como tal. É o pai pré-edípico que faz a lei ao separar mãe e filho com segurança, permitindo um caminho ao masculino que, se bem-sucedido, leva à possibilidade da heterossexualidade (bissexualidade psíquica), que é a aceitação da diferença. Esta provém, sob a forma de ternura, da relação amorosa com o pai pré-edípico (Vannucchi, 2009), permitindo suportar a dor mental e a alteridade – como Freud (1925/2012) assinala, quando "há uma identificação de natureza terna com o pai" (p. 287). O "pai se inscreve no espaço potencial entre a mãe e a criança como instância terceira, separadora, mas também como objeto de amor" (Carneiro & Lazzarini, 2018, p. 601).

Para Freud (1918/2010), o ato criativo de formar um bebê em si implicaria que o homem desse o pênis em forma de bebê à mulher, para compensar sua inveja do seio materno, bem como para possibilitar a elaboração da ameaça de vir a ser castrado, à medida que, no coito, o pênis desaparece. Essa reparação ameniza sentimentos hostis do filho não ser dele, uma vez que não é produzido em seu próprio corpo. Essa atitude pode contribuir para a coexistência de duas correntes ameaçadoras que ele abomina – uma, a sujeição; a outra, a aceitação – e, assim, ser capaz de tornar-se pai. Da mesma forma, no relato clínico mencionado, aceito ser o pai da ideia (e não a plagiadora do livro) que, em *reverie*, deu significado à experiência em que Lúcia, junto a mim, vislumbra ter uma vida interior, um espaço mental passível de criação, em companhia fértil (Birksted-Breen, 1996). Ela vive o masculino não ameaçado, contido pelo feminino potencial interno, integrando-os, a fim de "na correnteza do amor . . . saber se guiar" (Djavan, 1984).

No romance *Orlando*, cujo protagonista viveu 300 anos e experimentou ser homem e mulher, Virginia Woolf (1928/1978) descreve com outras palavras a realização desse fenômeno:

> *Começou a ficar nervosa, com medo de ladrões escondidos no forro da casa e com medo, pela primeira vez na vida, de fantasmas pelos corredores. Todas estas coisas a levavam, passo a passo, a submeter-se à nova descoberta, ou de quem quer que fosse, de que a cada homem e a cada mulher corresponde outro, por toda a vida, que o suporta e por quem é suportado, até que a morte os separe. (p. 137)*

Psíquica e concretamente, a busca desenfreada de Lúcia por produções, resultados e realizações serve para compensar a ausência do visível valorizado e palpável, a fim de se considerar com valor, quando o espaço potencial feminino interno ficou registrado como oco e vazio, como abordado no Capítulo 3, "O feminino em nós, uma experiência interminável".

É o encontro com o diferente – bissexualidade psíquica integrada – que nos convoca à necessidade e, consequentemente, à criatividade. A harmonia entre realizações internas e externas pode habitar homens e mulheres – nossa parte feminina e masculina da mente –, em uma conjunção em que a rivalidade não se sobressaia diante do espírito agregador e parceiro, dentro de nós mesmos, como a música também anuncia: "A nave em breve ao vento vaga de leve e traz toda a paz que um dia o desejo levou" (Djavan, 1984).

Considerações finais

Observo que nos deparamos com duas questões complexas a ser consideradas:

1. A presença da sujeição na função feminina da mente, que anuncia o amparo/desamparo e a necessidade (por conter em si angústias de aniquilamento), mesmo que sujeição não queira dizer passividade nem submissão, mas a possibilidade do indivíduo vir a se tornar sujeito.

2. A presença da in/segurança na função masculina da mente que promove a separação/união (por conter em si angústias com sentido de passividade diante da necessidade de ser aceito e acolhido), mesmo que a in/segurança não diminua o vigor da penetração para que ocorra a ligação.

Estamos em face de uma ferida narcísica que declara nossa incompletude. Essa incompletude se baseia na sujeição (feminino como fundante do psiquismo) e na busca por aceitação (masculino como instância psíquica estruturante que liga e separa), vividas inelutavelmente nas experiências primárias quando estamos sujeitos a uma *mãe insubstituível* (Klein, 1940/1996).

Antes que o indivíduo comece a reconhecer a experiência vivida, ele já está sujeito a ela, assim como o verbo, na gramática, necessita de um sujeito. No entanto, o bebê não é passivo. Do mesmo modo, Lúcia nada tinha de domesticada; raivosa, convocava a analista com sua maneira de manifestar sua repulsiva necessidade.

Lúcia demonstra que pode realizar esse encontro ao se aproximar da analista (do outro) e de si mesma, e, assim, se encontrar, sem ressentimento, retaliação ou acusação, não para tomar conta de tudo, mas para dar conta das emoções e poder pensar. A surpresa vivida de se ver isolada e necessitada atribuiu um significado à experiência na forma de cooperação ao vínculo ameaçado. Isso foi acolhido por nós e, assim, ela pôde descobrir-se terna, em inspirado movimento vivo, diferente da vulnerabilidade até então sentida como ameaçadora de sua integridade, expressa por meio da sua "brutalidade". A aceitação de se ver separada de mim foi nominada pelo sentido isolamento, quando a solidão se fez acompanhada.

Feminino e masculino podem se encontrar em uma bissexualidade constitutiva assimétrica, em continente/contido (♀♂); integrados em uma unidade interior, podem propiciar confiança na capacidade criadora e, a partir desse limite/infinito, quando tolerado, ir além.

Referências

Bion, W. R. (1980). *Aprendiendo de la experiencia* (H. B. Fernández, Trad.). Paidós. (Trabalho original publicado em 1962)

Bion, W. R. (2004). *Elementos de psicanálise* (P. C. Sandler, Trad.). Imago. (Trabalho original publicado em 1963)

Birksted-Breen, D. (1996). Phallus, pênis e espaço mental. *Livro Anual de Psicanálise, 12*, 99-106.

Carneiro, C., & Lazzarini, E. (2018). A bissexualidade psíquica na constituição do sujeito: sobre suas origens e destinos identitários. *Revista de Psicanálise da SPPA*, 25(3), 585-612.

Djavan. (1984). Esquinas [Música]. In *Lilás* [Álbum]. CBS.

Freud, S. (2010). História de uma neurose infantil. In S. Freud, *Obras completas de Sigmund Freud* (P. C. Souza, Trad., Vol. 14, pp. 13-160). Companhia das Letras. (Trabalho original publicado em 1918)

Freud, S. (2012). Algumas consequências psíquicas da diferença anatômica entre os sexos. In S. Freud, *Obras completas de Sigmund Freud* (P. C. Souza, Trad., Vol. 16, pp. 283-299). Companhia das Letras. (Trabalho original publicado em 1925)

Freud, S. (2018). Análise terminável e interminável. In S. Freud, *Obras completas de Sigmund Freud* (P. C. Souza, Trad., Vol. 19, pp. 274-326). Companhia das Letras. (Trabalho original publicado em 1937)

Gibeault, A. (1998). Feminino e masculino: reflexões sobre o livro de Jacqueline Cosnoer, *Destins de la féminité*. In D. Breen (Org.), *O enigma dos sexos: perspectivas psicanalíticas contemporâneas da feminilidade e da masculinidade* (F. Naufel, M. P. Ferreira & T. Penido, Trads., pp. 173-187). Imago.

Gornick, V. (2009). *Afetos ferozes* (H. Jahn, Trad.). Todavia.

Guignard, F. (2009). Entrevista com Florence Guignard: processos identificatórios do masculino e do feminino. *Jornal de Psicanálise*, 42(77), 23-29.

Greenson, R. (1998). Des-identificação em relação à mãe: sua especial importância para o menino. In D. Breen (Org.), *O enigma dos sexos: perspectivas psicanalíticas contemporâneas da feminilidade e da masculinidade* (pp. 263-277). Imago.

Klein, M. (1991). Inveja e gratidão. In M. Klein, *Obras completas de Melanie Klein* (B. H. Mandelbaum et al., Trads., Vol. 3, pp. 205-267). Imago. (Trabalho original publicado em 1957)

Klein, M. (1996). Estágios iniciais do conflito edipiano. In M. Klein, *Obras completas de Melanie Klein* (A. Cardoso, Trad., Vol. 1, pp. 214-227). Imago. (Trabalho original publicado em 1928)

Klein, M. (1996). O luto e suas relações com os estados maníaco-depressivos. In M. Klein, *Obras completas de Melanie Klein* (A. Cardoso, Trad., Vol. 1, pp. 388-412). Imago. (Trabalho original publicado em 1940)

Paim Filho, I. (2014). A guerra e o repúdio ao feminino: uma releitura da disposição feminina originária. In I. Paim Filho, *Metapsicologia: um olhar à luz da pulsão de morte*. Movimento.

Sapienza, A., & Junqueira Filho, L. C. U. (2004). Fatores de conjunção e disjunção no relacionamento de parceria fértil e criativa [Apresentação de trabalho]. *Bion 2004*, São Paulo, SP, Brasil.

Stoller, R. (1985). *Masculinidade e feminilidade: apresentações do gênero* (M. A. V. Veronese, Trad.). Artes Médicas.

Vannucchi, A. M. S. (2009). Masculino e feminino: vicissitudes e mistérios. *Jornal de Psicanálise*, *42*(77), 65-88.

Woolf, V. (1978). *Orlando* (C. Meireles, Trad.). Nova Fronteira. (Trabalho original publicado em 1928)

5. Penélope e a odisseia do feminino interminável[1]

A verdade, senhores ouvintes, nunca é certa –
Vamos espiar atrás da cortina!
Atwood, 2020, p. 95

A odisseia de Ulisses foi escrita não somente por Homero, pois originalmente o material era mítico, oral e local, além de existirem outras versões e leituras particulares. Costumamos considerar a dimensão de tal travessia diante do périplo vivido por Ulisses/Odisseu – e como ele nos contagia – ao nos aproximar de nós mesmos em direção a Ser.

Ulisses retorna a sua terra natal depois de dez anos, e, nesse percurso, sua ausência teve como estímulo a guerra impetrada pelo rapto da bela Helena, que curiosamente não é personagem de destaque nos quase 15 mil versos do poema. Destaco, a princípio, duas

1 Publicado em 2023 na revista *Ide*, 45(76), 37-46.

figuras femininas: Penélope, a inspiradora da Odisseia de Ulisses e seu retorno, e Helena na *Ilíada*, causadora da guerra de Troia, e pergunto: de qual guerra de fato falamos e que tanto interesse desperta? Seria uma curiosidade sobre essas mulheres enigmáticas e o que elas representam, epíteto para a ofensa do narcisismo ferido? Seria a manutenção da guerra sexual diante de seus domínios e temores? E qual retorno reiteradamente proclamamos, em verso e prosa? O convite é para pensar nas experiências narradas que a epígrafe evoca, levando em conta mais a existência de sonho dentro de uma realidade psíquica imaterial, e menos de uma realizada ação acontecida de forma factual.

Com Penélope e a odisseia do feminino interminável, parto da chegada de Ulisses a Ítaca, quando ele ordena exterminar, além dos pretendentes, as doze serviçais de Penélope (Atwood, 2020). E incluo Freud (1937/2018) nessa caminhada. Naquele momento ele considera que "desde o início seria o repúdio à feminilidade . . . a descrição correta dessa notável característica da vida psíquica dos seres humanos", tanto na mulher quanto nos homens. Característica tão rejeitada quanto seguidamente desejada.

Privilegio aqui a expressão "repúdio ao feminino" mais que "repúdio à feminilidade", que me parece também ter sido a ideia desenvolvida por Freud, mesmo que tenha utilizado o termo "feminilidade", um adjetivo substantivado. Feminilidade é mais condizente com as qualidades do feminino do que com sua função, que é como pretendo desenvolver essa odisseia de Penélope, a que tece: o feminino interminável, através de mares por nós navegados, mares reveladores de nossa incompletude e desamparo, eterna busca/retorno às origens de nós mesmos.

Penélope e Ulisses

A trama do dia
Na urdidura da noite
Ou a trama da noite
Na urdidura do dia
Enquanto teço:
A fidelidade por um fio.
Marques, 2021, p. 105

Penélope muitas vezes é considerada a valente e representante mulher/esposa perfeita e fiel, que espera e preserva o reinado do marido sobre si mesma e sobre suas terras, encontrando meios ardis para ter sucesso em seu intuito de receber o pai de Telêmaco de volta. Ela tece a mortalha do sogro Laerte e a desfaz todas as noites, astuciosamente, prorrogando dia após dia a entrega do reinado, não se casando com nenhum de seus pretendentes. De que fidelidade, de fato, estamos falando?

Considero que necessitar do outro e estar sujeito ao outro nos compõe e, em contrapartida, promove a rejeição ao feminino por nos lembrar que somos precários e indigentes de amparo, tão bem expresso nesse fazer e desfazer contínuo, diário e interminável que nos constitui humanos.

> *Essa é a precariedade originária, perigo inominável, justo o que nos constitui como humanos. Antes de nos tornarmos Édipo com a angústia de castração, deparamo-nos com o desamparo, com a angústia de aniquilamento, com estarmos passivos diante da força traumática do mundo pulsional. Sermos receptores, sermos penetrados, sermos depositários do desejo do outro, sermos aquele que acolhe. Esses atributos emanam da essência do feminino. Com*

> *isso albergamos, em nossas origens psíquicas, no acontecer do encontro pulsional com nossa* disposição feminina originária, *o germe da vida e da morte. (Paim Filho, 2014, p. 7, grifos meus)*

Ulisses retorna pelas águas marítimas (O mar, *La mer*, em francês, feminino) às suas origens. O que o fragiliza prolongando esse percurso? As primeiras experiências aquáticas no útero materno e as angústias de aniquilamento, provenientes da cesura do nascimento e do encontro com a incompletude?

Quando se está aprisionado, sem contenção, a plenitude narcísica se arvora como defesa imperiosa de ser semelhante aos deuses, em constituir-se pleno, e a ação/reação domina como expressão somática contra o sentimento de estar sujeito ao "germe da vida e da morte". "O retorno manifesta necessidade de pertencimento, de referências estáveis e estabilizadoras" (Matos, 2021, p. 12) nesse eterno regresso ao feminino, na busca por integrar na psique seu elemento continente, portador do destino, do amparo/desamparo e da vida/morte.

Segundo Olgária Matos (2021), os gregos consideravam a ideia de limite como a sua maior invenção, diferentemente da modernidade que a vê como limitação e privação. Quais os limites que Penélope e Ulisses apresentam? Ecoa em mim que as noções de limite são distintas sob o vértice feminino e sobre o masculino, pertencentes às duas funções de forma específica e propriedades particulares. Assim, contenção, fronteira e proteção são próprias da função feminina; e barreira, interdição e segurança, próprias da função masculina da mente.

Qual a segurança/insegurança de Ulisses ao chegar como mendigo à sua terra e depois eliminar os pretendentes, bem como as serviçais de Penélope? O que o acometeu? O que elas sabiam que ele não suportou saber?

> *E agora, cara ama, a banha está no fogo –*
> *Ele me matará por satisfazer meu desejo!*

Enquanto ele se divertia com ninfas e beldades,
Pensava que eu não faria nada além do dever?
Enquanto ele satisfazia moças e deusas à vontade.

(Atwood, 2020 p. 96)

Incomoda-nos Penélope tornar-se humana, infiel, falível e necessitada como Ulisses. Esse incômodo seria para a manutenção da mãe incondicional que alimentamos na nossa idealização? Essa humanidade nos aflige, pois, narcisicamente, esperamos que alguém alimente nossa onipotência: a bravura do retorno, não a insegurança presente e a espera submissa, não a receptiva dos limites humanos.

Na guerra entre gregos e troianos, a *Ilíada* nos apresenta essa faceta receptiva dos limites humanos. Aquiles, por exemplo, se torna feminino quando atende as súplicas de Príamo, pai de Heitor, que beija suas mãos – único beijo presente em ambos os poemas (Junqueira Filho, 2021, p. 38) –, devolvendo o cadáver do filho para ser pranteado. Interagem em si as duas funções, feminina e masculina, de contenção e segurança, instaurando a ordem, legitimando a função masculina. Aquiles também se rende aos pedidos paternos, aceitando-os para acudir o solene enterro do filho Heitor, exercendo as duas funções, com liberdade, para viver os desígnios humanos da vida. Há quem considere que esta foi a morte de Aquiles, mais do que a flecha certeira de Páris em seu calcanhar. Diferentemente desse olhar, considero que a vida foi enfim vivida, em uma bissexualidade psíquica integrada, com harmonia entre a segurança e a compaixão.

De dia dedais.
Na noite ninguém.

(Marques, 2021, p. 125)

Se Odysseus em grego significa "ninguém" (Matos, 2021, p. 16), podemos aventar que, depois do luto da Guerra de Troia, a Odisseia da volta – constante retorno – é carregada de perplexidade, por conter a vida prática da observação, algo próprio de nossa função psicanalítica, quando afeita ao desconhecido que nos interessa. Quem somos? Quem queremos nos tornar? Conseguiremos ser nós mesmos?

Odisseu é posto à prova nos 20 anos em que esteve ausente. Apaixonou-se, envolveu-se, lidou com seduções mortíferas, mas queria voltar. Desfigurado pela deusa Atena para entrar incógnito em Ítaca, Odisseu volta como um zé-ninguém, um mendigo, e precisa lutar para que a herança deixada possa enfim se tornar sua.

São esses os nossos desígnios, o nosso legado na vida: o navegar da volta às origens de um casal parental internalizado para realizar uma bissexualidade psíquica integrada. Continente e conteúdo, distintos e unidos, para poder existir, sempre renováveis, inalcançáveis em enigmas.

A Odisseia de Penélope e o feminino interminável ficam destacados no tempo e espaço, nos fatos e sonhos, na cultura e na atualidade, que se encontram em emoções que se tornam ideias que os reapresentam, em sua complexidade, nesse eterno vir a ser.

A odisseia é atual, seja com nós mesmos, seja com nosso diferente, o outro.

Com o que Ulisses depara, na volta ao lar, que precisa matar seus desafetos e as acompanhantes da mulher? O que ele não pode saber que está envolto no passado, que atrapalha seu desejo de viver o presente, sem poder tolerar, sem conter o desconhecido que o impede de preencher um vazio que em si mesmo se constituiu?

E Penélope construiu um espaço interno nessa lacuna? Ela o aguardou em esperança silenciosa, no tecer e desmanchar diário, quando a noite a atingia em sonhos/pesadelos?

A censura e o tempo/espaço

> *O depois pode ter sido o antes, que se tornou depois,*
> *depois do agora. E depois?*
> *Pode ser o agora. Que se tornará antes para se atualizar*
> *num durante para se transformar num depois.*
> (A autora)

O espaço/tempo construído e desfeito por Penélope contém uma fidelidade amofinada no presente, envolta pela ausência nostálgica de um luto que não pode ser feito, num tempo composto por cesuras. Ulisses sabe estar vivo. O desconhecido de Penélope se faz presente na construção de um espaço que ela espera, amotinada por conflitos internos e externos.

> *A tolerância à ausência do objeto é a única origem do pensamento simbólico e sua condição de desenvolvimento. Bion (1962b) fundamenta a teoria do pensar nessa origem, mas a entende de uma forma emocional, como experiência centrada na frustração, cuja complexidade se espraia no espectro da dor psíquica... As transformações decorrem da maior ou menor tolerância a essa ausência/frustração/dor psíquica. (Chuster, 2021, p. 137)*

O que houve na ausência de Ulisses que ele não suporta e cujo existir busca eliminar? Ulisses não abriga no espaço de seu desaparecimento o seu ser, recusando o feminino potencial e desamparado. Ele ordena onipotentemente eliminar as mulheres, causadoras de seu desastre psíquico, que se reedita no agora, mas que já estava no antes, no durante e no depois. Ulisses funcionou de modo primitivo, agindo mais do que pensando. Diante do material radioativo do desamparo (conteúdo), sem continente para acolhê-lo, não pôde trilhar um caminho na relação continente $\leftrightarrow$ contido para assim examinar as diversas possibilidades que poderiam se abrir. O desastre da guerra e sua catástrofe em perdas está contido no drama da volta, que nada vale se não tiver sentido. Esse drama permite que possamos pensar, sonhar reescrevê-la, imaginar e criar o agora para o amanhã... interminável, que se tornará depois e hoje novamente, num suceder de criações na travessia da vida. Do conhecido para o desconhecido, infinito, inominável.

Reencontro, reconhecimento e renovação

E então se sentam
lado a lado
para que ela lhe conte
a odisseia da espera.
Marques, 2021, p. 142

Se consideramos a *Ilíada* como a onipotência e a *Odisseia*, o desamparo, ambas não poderiam ocorrer separadas uma da outra (Trachtenberg, 2022). Na primeira, a guerra é a representante da virilidade narcísica que culmina com a morte heroica em busca de glória eterna; na segunda, a busca de autoconhecimento possibilita viver a humanidade sentida como humilhação. "Cada passo precisa ser conquistado e envolve sua humilhação, com a quebra desse orgulho e onipotência, o reconhecimento da dependência dos vínculos familiares internos. Sua realeza é ilusória; a fim de adquirir verdadeira autoridade, ele precisa se humilhar..." (Williams, 2021, p. 91).

Retornar ao seio familiar é um momento frágil, delicado, que requer força e ternura. Não é um simples reencontro, mas um momento de grande turbulência emocional. Penélope demora a reconhecer Ulisses, eles precisam se casar de novo, e, no movimento final, depois de uma conversa enfim tranquila, ele a chama de "coração de ferro" (Williams, 2021), denominação a ele atribuída, reconhecendo o masculino internalizado em Penélope, não mais de sua exclusiva posse. No teste da cama, ela "redescobre o marido de forma antiga e nova" (p. 97), alcançando seus sentimentos mais íntimos – próprio do feminino –, confinados e encobertos por tanto tempo, integrando o masculino e o feminino em si mesma, em uma bissexualidade psíquica que lhe permitiu chorar.

Quando Penélope o reconhece, ela o aceita "como aquele que corresponde à sua imagem mais íntima de marido" (p. 97), e ele também pode chorar, femininos se tornam, ambos em mútua aceitação do desamparo e fragilidade, e renunciam a arroubos onipotentes heroicos de quem é mais ou melhor.

E ela não disse
já não te pertenço
há muito entreguei meu coração ao sossego
enquanto seu coração balançava em viagem
enquanto me consumia
entre os planos da noite
você percorria distâncias insuspeitadas
corpos encantados de mulheres com cujas línguas
estranhas eu poderia tecer uma mortalha
da nossa língua comum.
E ela não disse
no início ainda pensei em você
primeiro como quem arde diante de uma fogueira apenas
extinta
depois como quem visita em lembrança a praia da
infância
e então como que recorda o amplo verão
e depois como que esquece.
E ela também não disse
a solidão pode ter muitas formas,

tantas quantas são as terras estrangeiras,
e ela é sempre hospitaleira.

(Marques, 2021, p. 134)

Mais que a humilhação, mencionada acima por Williams (2021), o sentimento de aceitação é um dos mais nobres e complexos da função feminina da mente, por nos remeter à vivência primordial de sujeição diante de uma mãe insubstituível, do amparo/desamparo irrefutável e próprio dos limites femininos da contenção, fronteira e proteção. Esse movimento é o que nos permite Ser.

Ulisses
Escuta.
a odisseia da volta
está escrita
na chama de seu olhar.

(A autora)

Com ênfase no vínculo que a psicanálise convoca entre permanência e separação é que se constitui a relação com nós mesmos e com o outro. O encontro pode ser um reencontro no qual o reconhecimento da diferença e da cumplicidade possam coabitar. "Implica enfrentar paradoxos e contradições, encarar problemas insolúveis, alcançados os limites do conhecimento, conviver com esses limites pelo tempo que for necessário, para que novas variáveis surjam e criem novos espaços para pensar" (Chuster, 2021, p. 142).

Esse é o fulcro da observação psicanalítica, iluminar a luta cotidiana pelo autoconhecimento, a épica absolutamente única de cada um de nós na viagem da vida, oscilando entre esses dois polos, nasci-sismo e social-ismo. É

> *uma encruzilhada e um caminho a ser percorrido; comporta a tomada de decisão e, em decorrência, leva a assumir as consequências por outros caminhos não trilhados. (Scappaticci, 2021, p. 4)*

Defrontar-se com incertezas intermináveis – ser potente – sem conferir dominação nem submissão, mas sujeitos da própria vida, sem expiação ou compensações indevidas. Vir a ser, tornar-se nessa incansável busca que compõe a nossa incompletude nascente de mistérios e outras realidades próprias do não entender e mais imaginar do que saber. Ser real para perceber as Penélopes que somos, nessa tecitura noturna e diurna dos sonhos. Um caminho a seguir.

> *Há uma noite para os jogos*
> *e uma para as lutas*
> *uma para os raptos*
> *uma para os ritos*
> *uma para o erro*
> *uma para o êxtase*
> *Penélopes são todos os amantes*
> *destecendo de noite*
> *o que tecem de dia*
> *na noite do poema*
> *outra noite*
> *se anuncia.*
> *A outra noite.*
>
> (Marques, 2021, p. 72)

Referências

Atwood, M. (2020). *A odisseia de Penélope*. Rocco.

Chuster, A. (2021). O enigma de Ulisses em Homero e James Joyce. *Ide*, *43*(71), 126-146.

Freud, S. (2018). Análise terminável e interminável. In S. Freud, *Obras completas* (P. C. de Souza, Trad., Vol. 19, pp. 274-326). Companhia das Letras. (Trabalho original publicado em 1937)

Junqueira Filho, L. C. U. (2021). Adiar ou abreviar. *Ide*, *43*(71), 31-43.

Marques, A. M. (2021). *A vida submarina*. Companhia das Letras.

Matos, O. F. (2021). Entrevista. *Ide*, *43*(71), 10-16.

Paim Filho, I. (2014). A guerra e o repúdio ao feminino: uma releitura da disposição feminina originária. In I. Paim Filho, *Metapsicologia – um olhar à luz da pulsão de morte*. Movimento.

Scappaticci, A. L. Di M. S. S. (2021). Editorial, A viagem de Ulisses. *Ide*, *43*(71), 4-6.

Trachtenberg, R. (2022). Caminhando contra o vento ou Edy e os desaparecidos de nossas odisseias. *Ide*, *44*(74), 37-58.

Williams, M. H. (2021). A odisseia do analista, restaurando objetos internos. *Ide*, *44*(74), 78-97.

PARTE II

6. O nascer do outro na mente ↔ o nascer da própria mente: antes... Agora... E depois?[1]

Na prática clínica tenho me deparado com pacientes com um padrão de funcionamento onde sobressai uma precária e/ou quase ausência de vida psíquica própria, bem como uma estéril experiência da presença do outro. Estes costumam chegar à análise, com grande exigência, ansiosos e insatisfeitos com suas relações. E tudo isso permeado por um pensamento com funcionamento mágico que se alimenta de uma insuportável contrariedade diante das intempéries da vida. Apresento Petra (há seis anos em análise), por esta presentear a nós duas com esses vívidos momentos, alguns aqui relatados, como ilustração dessa dramática vivência de ser.

1 Publicado em 2011 no *Jornal de Psicanálise*, 44(81), 109-125.

Antes: muitas procuras, poucos encontros e alguns abandonos apresentam Petra

Durante mais de um ano, Petra oscilou entre idas e vindas às sessões, sem conseguir deixar seus horários pré-agendados. Marcar horários significava vínculo e compromisso que ela refutava veementemente. Como houve em mim um espaço interno para essa experiência, as sessões foram marcadas, nesse período, semana a semana. Ela ausentava-se em função de "justificadas" viagens, sem perceber que era essa a sua forma de lidar também com sua família, quando se sentia cansada e contrariada: ela ignorava o significado que essas "viagens" tinham na sua vida e a que se referiam o "cansaço" e a insatisfação tão frequentes.

Se é que é possível sintetizar um período, no qual a dinâmica da relação entre nós revelava um padrão de ameaças, controles, cobranças, procuras, abandonos e persistência, esse período evidencia o que Bion (1967/1988) abordou em "Diferenciação entre a personalidade psicótica e a personalidade não psicótica". Ele nos aponta os aspectos que têm a ver com relações de objeto prematura e precipitada aparecendo na transferência como um vínculo tenaz e tênue, como os vividos intensamente nesse período com Petra.

Petra demonstrava sua insatisfação e sua busca por métodos místicos e por pensamentos mágicos e onipotentes. Contou-me que a busca por análise era a sua nova tentativa para tratar essa insatisfação, já que tinha experimentado diversas terapias, como de grupo, comportamental, cognitiva, psicodramática, além de vários tipos de religião, e toda sorte de terapias alternativas que apareciam ou que procurava na sua vida. Nessa época, seu funcionamento mental arcaico negava a realidade psíquica com fortes sentimentos de onipotência. Essa é uma das características, segundo Melanie Klein (1946/2006), do funcionamento da mente primitiva. Essa onipotência denunciava o grau de desamparo e de desespero que fazia com que Petra buscasse soluções e objetos onipotentes.

Com essa apresentação, Petra me delineava o que iríamos viver, e o que nos esperava nos próximos anos: encontros e desencontros, abandonos e retornos e uma procura intensa por uma resposta que não a saciava. A persistência, a insatisfação e a vulnerabilidade reinavam absolutas.

Notícias de sua vida

Tenho certeza de que no berço a minha primeira
vontade foi a de pertencer.
Por motivos que aqui não importam,
eu de algum modo, devia estar
sentindo que não pertencia a nada e a ninguém.
Nasci de graça... eu nasci e fiquei apenas nascida!
Clarice Lispector, 1994, p. 110

Noticiou-me que não tinha pai e que a mãe a tinha dado em adoção. Trazia esses fatos como dados aleatórios, frugais, sem dar a ênfase emocional que tais informações carregam em seu bojo. A sua resistência inicial, dando "notícias" sobre sua vida, sem emoção, acompanhada de feição carrancuda, desconfiada e pouco receptiva, não me desestimulou. Fui gradativamente procurando sensibilizá-la, trabalhando analiticamente, na busca de restaurar ou instalar o sentido emocional em sua vida.

"Não quero falar do meu passado!", dizia autoritária, resistente a qualquer tentativa de investigação através da busca de correlações. Ao reviver suas experiências na transferência, como uma nova oportunidade para entendimento e possível mudança, encontrava, nesse momento, uma forte resistência (Steiner, 2009).

A oscilação entre presença ↔ ausência, abrupta e ameaçadora, como vínculo

Nesse período inicial, observava a necessidade de Petra me comunicar que era ela quem tomava conta dela. Necessidade estendida quando me noticiava que iria viajar e se ausentar por vários períodos curtos ou longos e das formas mais inusitadas. A comunicação era fria e direta. Quando lhe dizia que urgia nela a demonstração de que ela "era livre", acrescentava: "Sou mesmo!" Começava, então, um discurso de que não tinha obrigação e que era sua opção e necessidade o ir e vir como lhe conviesse. Sua história, depois vimos, era composta do binômio manipular e ser objeto de manipulação, em quase todos os ambientes em que viveu. A palavra vínculo era sentida como prisão nessa ocasião, albergada que foi em lares provisórios, sob a tutela de seu "tio", que a visitava semanalmente e a provia de suas necessidades e desejos.

Sentia que precisava ainda guardar para mim as emoções vividas de desprezo e de desconsideração, provocadas pela sua arrogância e onipotência manifesta através do descaso às nossas sessões. Nesse primeiro ano, discordava, sem possibilidade de conversa, sobre o pagamento dessas sessões (a partir do segundo ano isso foi gradativamente incorporado). Paralelo a isso, comumente verbalizava sua insatisfação na "demora por resultados". Ainda não havia espaço mental para tal aproximação, ligada à desconsideração expressa dessa maneira.

Refletindo sobre essa forma habitual de relacionar-se, penso que Petra se ausentava, como diz Melanie Klein (1946/2006), buscando uma forma de gratificação alucinatória em que a cisão do objeto, a negação e a perseguição são ativadas. Assim, o movimento impulsivo de evadir-se, separar-se, vem como uma tentativa de sobrevivência, ocasionando o seu reverso, o aniquilamento das relações, ao negar a realidade psíquica, expressa onipotentemente por esses afastamentos.

Entretanto, não são apenas uma situação e um objeto que são negados e aniquilados – é uma relação de objeto que sofre esse destino, e, portanto, uma parte do ego, da qual emanam sentimentos pelo objeto, é negada e aniquilada também (Klein, 1946/2006, p. 26).

Assim, Petra vem "sobrevivendo". Tem recebido como dividendos, em função dessa sua postura (oscilante entre viscosidade e afastamento, dos outros e de si própria), repúdio e isolamento.

Nesse momento da análise de Petra, me alio ao pensamento de Renata Gaddini (1978) que se reporta a Freud e a Winnicott. Em Freud, temos o modelo do carretel e seu neto, sob o vértice de que o carretel serve para atar dois pontos distintos e separados entre si, no caso, o neto e sua mãe. Esse paradoxo da criança comunicar-se com a mãe por meio da manifestação da negação da separação se intensifica em Petra: ela se afasta com o intuito oposto? O de criar laços? Freud nos alerta que o uso excessivo desse mecanismo pode estar relacionado a certa insegurança e a ideia de uma deficiência de comunicação. Quando a criança vê reduzida a esperança da presença materna, ou a perde por completo, e fica confirmada a ameaça de sua privação, ela recorre a um fenômeno que Winnicott menciona como renegação da separação (Gaddini, 1978). Petra se separa para unir? "Brincando de viajar" acredita-se atada a mim, negando e renegando as separações?

Petra usa e abusa desses expedientes de interromper, reatar, insistir, desistir, tanto nesses afastamentos, quanto nas sessões. Costuma "viajar", como diz, nos momentos em que seu pensamento voa por outras paragens, que não as nossas em andamento, nas sessões. Tálamo (1997) denomina esse processo, expresso por abundantes cesuras, (recorrentes em Petra com intensas ameaças de ruptura), como método de defesas/ataques, dentro de um conceito que vincula dois opostos aparentes, mas que são latentemente faces da mesma moeda. Manter os dois lados em mente tem sido necessário, na compreensão da dinâmica de funcionamento da vida psíquica e relacional de Petra. Como denuncia o poeta Fernando Pessoa (1978), "O poeta é um fingidor/ Finge tão completamente/ Que chega a fingir que é dor/ A dor que deveras sente". Partindo desse viés, reflito que: Petra, "finge" que não se importa com nosso trabalho, "finge" que é "livre", "finge" que "não precisa de ninguém"?

Já que a cesura tem um papel no manejo da ansiedade, e muitas vezes na supressão da percepção consciente da ansiedade (Tálamo, 1997), a atenção nos dois lados das mensagens na forma de interrupções e viagens em pensamentos tem corroborado para diminuir o disfarce que tem sido a vida de Petra. O vínculo na lacuna tem se tornado objeto analítico de busca e apreensão, nesse padrão compulsivo de repetição, atuante em Petra, em que as interrupções vêm com o intuito de criar vínculo.

Qual sua busca? Qual sua dor? Tem fome do quê?

A face carrancuda e fechada de Petra, presente e assídua nos três primeiros anos de análise, comum em sua vida e em suas relações, me convidou a enxergá-la como uma segunda pele protetora e defensiva. Isso foi corroborado pelos seus relatos de alguns relacionamentos intensos, adesivos e posteriormente descartados. Se pensarmos que essa formação se reporta a uma origem precoce de um período pré-verbal e que se grava muito fundo no inconsciente, Esther Bick (1986) considera não analisável na transferência. Sugere isso ser possível apenas quando o paciente se sente acolhido por uma boa continência na transferência, favorecendo que o material trazido pela paciente, por meio de associação livre, reflita os conflitos de separação de forma que esta possa ser investigada.

– Eu ficava com a cara colada na janela, desde que amanhecia o dia, esperando pelo meu tio. Temia que ele não viesse. Ele chegava com a sacola na mão cheia de coisas para mim. Eu só via a sacola. Diziam-me que eu era interesseira. Tirava tudo de dentro, queria ver tudo e depois escondia para ninguém pegar. Os doces chegavam a estragar na gaveta do criado mudo. Só hoje sei que eu queria era sua presença. Quando ele mandava só a sacola, eu esperava na semana seguinte, mais aflita ainda. Não percebia que queria sua presença. Só vejo isso hoje, aqui com você. Me diziam que eu era má.

Petra, nos primeiros tempos de análise, com frequência mencionava que, ao sair das sessões, vivia um estado de esquecimento de tudo e me cobrava por isso. Dizia: "Não fica nada, apaga tudo, isso me deixa irritada!" Penso que Petra intuía, mas não podia ainda perceber, que esses apagamentos lhe empobreciam, não pela simples falta da memória. Recentemente, após o período de férias de julho, chegou, desta vez, mais enfática, dizendo que precisava tratar de sua memória. Conta-me, então, que já havia ido ao médico e vários exames estavam em andamento. O teor era de que tinha uma doença a ser descoberta (não havia emoção e nem presença de angústia): "Estou sem memória!". Nesse retorno, ficou evidenciado o quanto a sua memória afetiva ficava prejudicada, impedida, com os afastamentos físicos reais, de viver emocionalmente o abandono e o desamparo. Esquecia para não lembrar? Viajava na sala de análise ou para outros lugares para esquecer?

Dor a qualquer contato

Michael Eigen (1986b) aponta que qualquer tipo de exclusão social, que pode ser entendida tanto na forma de ataque, menosprezo, quanto de ser ignorado, provoca um sentimento de isolamento que termina com uma morte fora da própria pessoa. Que ausências Petra experienciou, que revive comigo refletida num sentimento de deficiência pessoal? Minha ausência, vivida como sinal de sua deficiência (falta de memória) a torna mais deficiente ainda? Ela se "esquece" do que sente com minha ausência para que minha ausência seja uma falta, uma perda, uma morte? Frequentemente dizia que não tinha mãe, ignorava-a. "Mãe? Essa palavra não tem sentido para mim!". Eigen confere que esses estados variam em graus e em qualidades de consciência, de uma maneira que a mente e aspectos do *self* organizados formam uma complexa e dinâmica rede em que a mente se apresenta sobrecarregada ou esvaziada, agindo distintamente, dissociada.

O trauma cumulativo, segundo Masud R. Khan (1994), é traiçoeiro porque ele opera e se forma em silêncio. Os acontecimentos psicofísicos que ocorrem no estágio pré-verbal, a falha no escudo protetor da mãe às necessidades anaclíticas da criança, se manifestam nas suas relações futuras. Petra não foi protegida suficientemente? Seu relato de não ter tido casa, e nem as que ela construiu depois a fizeram sentir-se acolhida, confirma essa hipótese? "Nunca me senti em casa!", dizia. A experiência relatada é de privação máxima, quase insuportável. Só não foi total – o que seria a morte de sua vida psíquica – em função de seu espírito tenaz, desbravador e de busca ter sido preservado. A arte e a literatura contribuem, em suas descrições, com formas mais vívidas para expressar o que eu estou tentando descrever:

> *sentíamo-nos muito protegidos, ainda mais porque estava frio lá fora; na verdade até fora das cobertas também, já que não havia lareira no quarto. Ainda mais, digo, porque para se desfrutar de fato do calor do corpo é preciso que uma pequena parte sua ainda esteja fria, pois não há qualidade nesse mundo que não o seja por contraste. Nada existe em si mesmo. Quando você se gaba de se sentir bem confortável e fica assim por um longo tempo, então já não se pode dizer que você continua confortável do mesmo modo. . . se a ponta de seu nariz ou o topo de sua*

cabeça está com um pouquinho de frio, então na percepção geral você sente o mais delicioso e inequívoco calor. (Melville, 2008, p. 74)

Petra tem como história, presente até hoje, o atendimento imediato de suas necessidades. Exige-a em plenitude, repudiando se a "ponta do nariz" estiver com "um pouquinho de frio". Viveu e ainda vive os dois polos com muita intensidade, e separadamente: estava com muito frio ou estava com muito calor. Não conseguia, ou estava impossibilitada, de vivê-lo como no texto descrito por Melville. Assim, a condição de usufruir o "inequívoco calor" a partir da ausência deste, mesmo que em parte, ficava prejudicada. É semelhante ao sentimento de saudade, expressão da presença na ausência: ela "esquece" que estou ausente e queixa-se de falta de memória. Saudade é uma emoção, até então, totalmente estranha para ela. A cisão entre o objeto mau e o objeto bom contribuiu para a criação do vínculo na lacuna e propiciou um ganho secundário, o de ser prontamente atendida. Porém esse mecanismo não a abasteceu, motivo de sua busca intermitente por satisfação.

Agora

O real não se encontra nem na partida nem na chegada,
ele se dispõe pra gente é no meio da travessia.
Guimarães Rosa, 1986, p. 60

Petra insaciável

A alta rotatividade presente na sua vida, na forma de muitos trabalhos (chegou a ter de seis a oito negócios montados por ela), mudanças de residências, e nas inúmeras terapias, nos fez conversar muito sobre seu estado habitual de não permanência. Passou a fazer parte de nosso vocabulário o ditado: "Pedra que muito rola não cria limo!" Vimos que sua insatisfação tinha como ponto de partida esse troca-troca psíquico arraigado, acompanhado de uma crença em um mundo idealizado, mágico e perfeito. Ela estava animada pelo novo ou focada na conclusão. O meio do caminho foi sempre abortado por ela. Como consequência, a insatisfação reinante era registrada como fracasso e incapacidade tanto pessoal quanto atribuído, acusatoriamente, às pessoas ao seu redor. Ela perdia a paciência assim que começava o dia a dia de um novo empreendimento. Assim, esse sentimento de insatisfação era a sua parceria. A crença num salvador, num objeto idealizado e fantástico era considerada por ela como real. E exigia isso em plenitude das pessoas de suas relações.

Bion escreve sobre esse expediente em que a destruição da capacidade do pensamento, necessária para tornar a frustração suportável, produz uma personalidade mais do que nunca sujeita à frustração:

> *Como consequência, o psicótico se torna mais do que nunca, intolerante a uma frustração que, mais do que nunca, é intolerável. E assim pela destruição da capacidade para sonhar, cria-se uma situação autoperpetuável, em que se produz cada vez mais frustração através do esforço cada vez maior devotado à sua evasão. Essa capacidade para sonhar, se mantida, poderia capacitá-lo a moderar a frustração. (Bion, 1992, p. 67)*

Com o decorrer da análise e com a sua permanência nela temos podido acolher e dar suporte às suas ansiedades mais primitivas, que agora têm aflorado com mais espontaneidade.

Pele nova: viver na própria pele

P – Então, vamos para o segundo round. Não vá me nocautear!

Surpreendida com essa colocação, logo na entrada, (após um intervalo de dez minutos de duas sessões geminadas, em função de uma viagem próxima), por não ser essa a emoção vivida por mim na hora, pergunto, depois de um espaço em silêncio:

A – Com quem você viveu esse sentimento de ser nocauteada?

Pensa e fala com a voz levemente embargada.

P – Acho que a cada vez que era trocada de uma casa para outra!

Como Petra não se emociona e não chora, senti que estávamos partilhando uma experiência emocional importante!

A – Você está pensando em visitar sua mãe biológica, sua primeira morada! Como a seus parentes. (assunto da primeira sessão e que neste momento me vem vívido) *Está fazendo as pazes com ela!* (Nessa hora não percebi seu receio de ser "nocauteada" por tanta emoção, o que veio a acontecer após essa visita).

P – Tantas vezes fugi de ir lá, mesmo estando na cidade! E não é incrível que eu queira isso agora? E não me sinto forçada a fazer isso?!

A – São as relações primeiras da sua vida. E você está abrindo a possibilidade de entrar em contato com esse mundo íntimo. Contato. É como se você estivesse entrando em contato com a própria pele.

Silêncio…

P – Isso me faz lembrar a obra do Michelangelo, que ele fez na Capela Sistina. É uma pele, toda fora do corpo, pendurada. (Faz um gesto com a mão estendida, como que pendurando a pele num lugar…).

Como eu não conhecia a parte da obra de Michelangelo, por ela relatada, fiquei atenta e disse:

A – A pele fora de um corpo e o corpo em carne viva!

P – Isso me faz lembrar daquelas cenas do sertão, deles tirando a pele da pessoa viva. Que horror! Quando fui visitar a exposição do Corpo Humano, daquele alemão, sabe? Eu consegui vê-la toda. Em outra ocasião só ficaria horrorizada... Ficaria tomada, como você diz: paralisada! Claro que fiquei impressionadíssima, mas não horrorizada! Não foi fácil, mas olhava, olhava e ficava admirada. Dei conta, mesmo sendo pesado! Sabe, é como se o corpo humano fosse cortado em tiras (levanta as mãos e mostra a forma) *e sendo exposto de forma totalmente diferente para ser conhecido e explorado. É forte! Fantástico!*

(Fui sentindo como se ela estivesse descrevendo a nossa experiência em análise)

A – Está vestindo a própria pele e se adaptando a ela.

P – Ah! Agora estou lembrando! Na exposição, no alto tem uma dupla de atletas jogando. Fantástico!

A – Nós duas?!

O juízo final: afresco de Michelangelo

Impressionada pelas associações de Petra, fui em busca da pintura de Michelangelo. O que encontrei me causou profundas reflexões que passo a relatá-las. A parte da obra chamada de Juízo Final, mencionada por Petra, restaura muito mais do que julga os feitos por Deus no final dos tempos. Os santos martirizados aparecem íntegros diante de Deus, com o flagelo, origem da tortura, em suas mãos. São Bartolomeu é o santo mencionado por Petra. Ele foi escalpelado e aparece, logo à frente de Deus, com toda a sua pele acumulada nas mãos. O interessante é que Michelangelo, não afeito a assinar suas obras, coloca sua face impressa na pele que São Bartolomeu segura. Alguns estudiosos de arte sugerem que essa foi a sua assinatura! Aos interessados, a menção está em *O juízo final*, de Michelangelo, afresco na parede do altar da Capela Sistina, no Vaticano.

Petra nos sugere que a sua segunda pele, de mal-humorada, que a vestiu tanto tempo, tenha sido a sua assinatura, fruto de sua martirização, como defesa a esse escalpelamento? E que esta a transformou numa arredia e fugidia pessoa, com dor a qualquer contato? E a face de Michelangelo, é feia ou foi assim retratada como protesto pela enorme exigência feita pelo Papa, como aparece tão bem no filme *Agonia e êxtase* (Reed, 1965). Assim, associando, avento a possibilidade de que a forma de expressão encontrada por Petra (cara de braba e birrenta) poderia ser a sua forma de protesto, a sua assinatura!

Essa experiência nova, vivida com Petra, de associar por meio de imagens visuais, me reporta a Bion (1992), que considera a capacidade de ter imagens visuais como um dos fatores da função alfa. Acrescenta ser esse um fator importante de armazenamento, por serem as imagens visuais um tipo de notação, que, junto com o fato selecionado, são necessários para iniciar o interjogo entre a posição esquizoparanoide e a depressiva. Penso que Petra começa e ser capaz, por meio de associação livre com imagens visuais, de formar algumas representações ou ideias. Acompanha esse movimento, a dinâmica dos elementos alfa que se juntam, separam-se, juntam-se novamente, separam-se novamente, convergem, divergem e assim por diante. Passarei a relatar mais claramente esse movimento através do vivido por Petra após a visita à sua mãe.

O encontro com a mãe – Com o outro

Petra viaja confiante ao encontro da mãe, com seu passado afetivo, e retorna demonstrando satisfação com a experiência. Chega animada trazendo suas impressões, dando ênfase no relato da relação da mãe com um novo companheiro.

As sessões que ocorreram, após sua volta, continham um discurso articulado. No entanto, percebia que a música da sua fala denunciava algo que teimava em não se apresentar. Aparecia, ainda que timidamente, uma recusa às minhas colocações. O diálogo estava comprometido. Era já final do ano, véspera de minhas férias.

Retornamos, pós período de férias, e Petra se apresenta recusando quase todas as minhas intervenções. Retoma a desconfiança, tão comum nos primeiros tempos da análise, se evadindo muitas vezes da sessão. Falo isso para ela e ela se manifesta irritada e repudia minhas observações. Digo que ela está braba. Diz que sim e que eu era uma incompetente! Fala isso gritando e me ameaçando dizendo: "Agora você vai saber quem eu sou de verdade!" O repúdio e a violência, até então camuflados, agora são publicados! O clima de ataque ao vínculo e da capacidade de pensar, que já se esboçava antes dessa ausência, se instala fortemente.

Sapienza (2009) escreveu e pôs em evidência fatores que acionam núcleos terroríficos nas partes psicóticas da personalidade, iluminando as condições ambientais que dão origem ao superego assassino do ego: essa configuração é resultante do fracasso nas interações projetivas e introjetivas entre mãe e bebê em face de angústias primitivas que ocorrem nos períodos iniciais da vida. Este "objeto obstrutor" está impregnado de violência moralista e visa "tudo julgar, tudo controlar e nada compreender". Está internalizado como agente destruidor da vida mental, pelos ataques ao desenvolvimento do sentir, do pensar e do verbalizar. Dessa configuração emanam forças "ocultas" que tiranicamente envenenam vivências por meio de contínua inoculação tóxica, que chega a destruir a "capacidade de pensar".

Petra efetivou seu isolamento por meio do afastamento de seus atuais e agora habituais meios de comunicação comigo: parava para pensar, só que não dava retorno de suas reflexões; sorria sozinha e não partilhava comigo o que estava se passando com ela. Esses ataques tiveram como efeito a destruição da identificação projetiva, ausência das imagens visuais e do som (através da ausência das palavras que produzem a música). Bion atesta que essas formas de ataque contêm um ataque às posições, que são vitais para o diálogo entre o conhecido e o desconhecido:

> *A capacidade de aprendizado do indivíduo, no decorrer de sua vida, depende de sua capacidade para tolerar a posição esquizoparanoide, a posição depressiva e a interação contínua e dinâmica entre as duas. (Bion, 1992, p. 208)*

Como Petra não adquiriu essa condição na infância, e essa interação começa timidamente a se instalar agora, na vida adulta e em análise, a precariedade de seu início se manifesta nesse episódio, intenso de significados, que foi o encontro com a mãe e com a sua história real. Convém ressaltar que este ainda foi reforçado pela minha ausência nesse período.

O encontro com a MÃE, com vida própria, com sexualidade própria, faz deparar-se com o OUTRO, tão temido, tão desejado e tão negado? M-other – Other, como sugere Bion (1993), se apresentou fragilizado, em função de ainda não ter sido possível diminuir o impulso para inibir, que é fundamentalmente inveja dos objetos estimulantes de crescimento, femininos, criativos, ainda sem condições de digestão.

Com a possibilidade da retomada da parceria, Petra trouxe uma profusão de sonhos recheados de conteúdos sexuais. No mito de Édipo, na encruzilhada, qual o enigma proposto pela Esfinge? O mito edipiano encarna o problema do conhecimento com que Petra e eu nos temos deparado nesse momento: a perda do paraíso e o encontro com nossa humanidade.

A condição humana, o perdão e a irreversibilidade

A resposta ao mito de Édipo proposto pela Esfinge é o Homem que nasce, vive, envelhece... e depois? Morre. Depararmos com o outro é depararmos com nós mesmos. É depararmos com nossa humanidade, com a nossa mortalidade e com a irreversibilidade da vida. Na humanidade existe o outro.

Petra começa a perdoar sua mãe por ter dado a ela tão pouco! Tão pouco? Começa a nos perdoar, a nós duas, por fazermos tão pouco! Se ainda pudermos alcançar o suficiente! A esse respeito Sapienza (2009) escreve que a reelaboração através de uma releitura reconfortante e compreensiva dessa violência ameaçadora, poderá permitir desarmes de intensa culpa persecutória e de compulsão-à-repetição, levando a refrescante revitalização.

Estamos investindo nessa empreitada.

Hannah Arendt (2004) aponta que o único recurso contra a irreversibilidade – a impossibilidade de se desfazer o que se fez, embora não se soubesse nem se pudesse saber o que se fazia – é a faculdade de perdoar. Com o perdão, reitera, acrescenta-se a possibilidade do desfazimento dos atos do passado, promovendo novos caminhos. Caso contrário, o agir ficaria, por assim dizer, limitado a um único ato do qual jamais nos recuperaríamos. Acrescento que sem a aproximação emocional dessa experiência, como mencionado no apontamento do Sapienza (2009), esse perdão fica inviabilizado.

Perdoar, mais que um ato religioso, é um ato humano. Aceitamos nossa condição humana perdoando, e perdoar liberta tanto quem perdoa, como quem é perdoado. É um ato que precisa da existência do outro. E penso que, aqui, o outro pode ser a existência deste dentro da própria pessoa:

"Ninguém pode perdoar-se a si próprio; no perdão, como na ação e no discurso, dependemos dos outros, aos quais aparecemos numa forma distinta que nós mesmos somos incapazes de perceber" (Arendt, 2004, p. 252).

Petra tem "aparecido", tem usado menos os recursos de "viagens em pensamentos" ou "fugas" em formas de viagens. Como Grotstein (1999) descreve sua experiência com Bion, penso que Petra tem se manifestado mais às respostas às minhas interpretações do que tem estado preocupada em entendê-las. Tem abandonado gradativamente sua forma mais petrificada, para outra mais humana, afeita às intempéries da vida.

Eu também!

E depois?

O depois pode ter sido o antes, que se tornou depois, depois do agora.

E depois? Pode ser o agora. Que se tornará em antes para se atualizar num durante para se transformar num depois.

O nascer do outro na mente é um trabalho reflexivo eterno, terno, na clareira e na escuridão do conhecido e do desconhecido, da descrença e da fé, tão presente na vida: "porque homem nenhum pode sentir plenamente sua identidade se não estiver de olhos fechados; como se a escuridão fosse mesmo o elemento apropriado da nossa essência, ainda que a luz seja mais propícia ao barro de nossa natureza" (Melville, 2008, p. 75).

Há alguns anos, condoída que estava pela perda de um parente amado, caminhava pelas dependências do Cemitério Municipal de Curitiba, onde ficam as capelas mortuárias. Nestas, mais especificamente em suas paredes internas e nos seus corredores externos, estão diversas inscrições azulejadas de poetas e pensadores. Essas inscrições nos convidam, pela sua beleza e pelo espírito acolhedor de suas frases, a um movimento introspectivo, reflexivo e íntimo. Deparei-me então com uma frase de São João da Cruz, Frei Carmelita Descalço, considerado pelo Papa Pio XI como Doutor da Igreja, e me detive refletidamente sobre ela, sabedora do quanto este inspirou pensadores nos séculos seguintes, até mesmo Bion. Aqui a transcrevo:

> *A fé é luz*
> *A razão é noite.*
> *O entendimento racional é noite.*
> *Uma fé verdadeira, pura, não deve ser manchada por nenhum elemento de memória ou de desejo.*
> *Nosso ser vive entre, a saudade – desejo do passado – e a esperança – memória do futuro.*
> *Só descansaremos se virmos que, sem passado, nem futuro, de Eternidade em Eternidade, tu és Deus.*
>
> (São João da Cruz, século XVI)

Para Bion (citado por Eigen, 1986a) a fé se converte na qualidade emocional da atitude psicanalítica, constituindo simultaneamente o método psicanalítico. Vê ainda que a fé transcende nossas necessidades de controle, permitindo experimentar o impacto da realidade emocional de forma tal que esta se desenvolva de maneira autêntica.

A realidade emocional do momento, a realidade essencial, a coisa em si, é o O que para Bion é o incognoscível, que, porém, para o analista, confiante que a encontrará, esta pode se abrir. A Fé em O, assim, se constitui numa atitude de receptividade com uma disposição vigilante de espera e atenção. Esta nos habilita a tolerarmos o funcionamento da posição oscilante PS↔D, sem dar a primazia de uma frente à outra.

Bion (2007) finaliza o livro *Atenção e interpretação* com a seguinte frase:

> *O que se precisa procurar é uma atividade que seja simultaneamente a restauração de Deus (a Mãe) e a evolução de deus (aquilo que é desprovido de forma, infinito,*

inefável, não-existente); essa atividade só pode ser encontrada em um estado em que não haja nenhuma memória, desejo, entendimento. (p. 134)

O Nascer do outro na mente, o nascer da própria mente, neste capítulo e na vida em si, nos coloca em contato com nossa humanidade. Para Bion a Fé não nos "protege" dessa humanidade, ela nos serve de apoio para nos aproximarmos de nós mesmos, e do outro, com tolerância e compaixão.

E depois...

Referências

Arendt, H. (2004). *A condição humana.* Forense Universitária.

Bick, E. (1986). *Considerações adicionais sobre a função da pele nas relações objetais iniciais.* (M. L. Andrade & L. M. Zancanela, Trads.). Tradução não publicada.

Bion, W. R. (1988). Diferenciação entre a personalidade psicótica e a personalidade não psicótica. In W. R. Bion, *Estudos psicanalíticos revisados* (*Second Thoughts*) (pp. 45-62). Imago. (Trabalho original publicado em 1967)

Bion, W. R. (1992). *Cogitações.* Imago.

Bion, W. R. (1993). Prelude to or substitute for achievement. In W. R. Bion, *Attention and interpretation* (pp. 120-129). Karnac. (Trabalho original publicado em 1970)

Bion, W. R. (2007). Continente e contidos transformados. In W. R. Bion, *Atenção e interpretação* (pp. 115-134). Imago. (Trabalho original publicado em 1970)

Eigen, M. (1986a). Em torno al punto de partida de Bion: de la catástrofe a la fe. *Libro Anual de Psicoanálisis*, *1*, 264-273.

Eigen, M. (1986b). *The psychotic core: Mindlessness.* Jason Aronson.

Gaddini, R. (1978). La renegación de la separación. In D. W. Winnicott et al., *Donald W. Winnicott* (pp. 107-115). Trieb.

Grotstein, J. S. (1999). *O buraco negro: órfãos do real e o buraco negro.* Climepsi.

Khan, M. M. R. (1994). A escola britânica de psicanálise: o conceito de trauma cumulativo. In G. Kohon (Org.), *A escola britânica de psicanálise.* Artes Médicas.

Klein, M. (2006). Inveja e gratidão. In M. Klein, *Inveja e gratidão* (pp. 207-267). Imago. (Trabalho original publicado em 1957)

Klein, M. (2006). Notas sobre alguns mecanismos esquizoides. In M. Klein, *Inveja e gratidão* (pp. 20-43). Imago. (Trabalho original publicado em 1946)

Lispector, C. (1994). *A descoberta do mundo.* Francisco Alves.

Melville, H. (2008). *Moby Dick.* Cosac Naify.

Pessoa, F. (1978). *O eu profundo e os outros eus: autopsicografia.* Nova Aguilar.

Reed, C. (Diretor). (1965). *Agonia e êxtase* [Filme épico]. 20th Century Fox.

Rosa, J. G. (1986). *Grande sertão: veredas.* Nova Fronteira.

Sapienza, A. (2009). Função alfa: ansiedade catastrófica – pânico – continente com reverie. In J. C. Rezze, E. S. Marra & M. Petricciani (Orgs.), *Bion: transformações e desdobramentos.* Casa do Psicólogo.

Steiner, J. (2009). *Compulsão à repetição, inveja e instinto de morte.* (G. Kok & A. Martins, Trads.). Texto não publicado.

Tálamo, P. B. (1997). Os dois lados da cesura. In *Bion em São Paulo: ressonâncias.* Acervo Psicanalítico.

7. Dor psíquica: ficção ou realidade[1]

Viver dói

Existem pessoas que são tão intoleráveis
à dor ou à frustração (ou
em que dor ou frustração são tão
intoleráveis) que sentem a dor, mas
não a sofrem e, portanto, não se pode dizer que a descobrem...
Bion, 1970/2007, p. 26

O poeta é um fingidor
Finge tão completamente
Que chega a fingir que é dor
A dor que deveras sente.
Fernando Pessoa, 1978, p. 104

1 Publicado em 2016 na *Revista de Psicanálise de Porto Alegre*, *18*(1), 17-28.

Era excitante o que vivia, e fazia-lhe bem, como a todas as pessoas interiormente frias, deixar que as ondas ardentes da paixão quebrassem ao seu redor, mas sem com isso arder ela própria

Zweig, 2014, p. 20

O paciente que não sofre dor é incapaz de "sofrer" prazer.

Bion, 1963/2004

Começo meus comentários entrelaçada pelo tema: dor psíquica, ficção ou realidade, e me pergunto: Será que é ficção? Ou VIVER DÓI. Se partirmos da premissa que o princípio do prazer conflita com o princípio da realidade, esse confronto por si só é doído. E essa dor é a DOR PSÍQUICA, que passa a comportar uma vida mental (com a interação dos dois princípios) e não mais o princípio absoluto do prazer. O viver vivido só é real se for com vida mental. Não estou querendo fazer apoteose da DOR. Falo do SOFRER como emoção humana de quem está e-mo-ci-o-nal-men-te no mundo. As epígrafes são expressões do vértice que procurarei me deter. Desse modo, o trabalho proposto poderia chamar-se "Prazer/Dor: sofrimentos psíquicos". No entanto, me deterei sobre o sofrer DOR, privilegiando o vértice que Bion nos aponta: a impossibilidade, na vivência real, de a dor tornar impeditiva a vivência do real prazer.

Como viver/sofrer dor e não somente senti-la? A personagem da epígrafe, da novela "Medo", de Stefan Zweig, se excita, faz-lhe bem, mas, no entanto, não se deixa arder na chama da paixão. O foco que aponto é distinto de sentimento – que tem a ver com os sentidos – mesmo que aparentemente conflitem-se. A dor psíquica está relacionada com o viver as emoções. Como dar-se conta e dar conta da dor mental? A experiência é um tipo de movimento que pode ser vivenciado em períodos de transição entre sentir dor e sofrê-la. Se, portanto, ficar no limiar entre uma e outra, se situará mais como limítrofe (borderline), não se configurando como dor psíquica vivida. O poeta Fernando Pessoa põe em palavras esse limiar de suportabilidade:

> *O poeta é um fingidor*
> *Finge tão completamente*
> *Que chega a fingir que é dor*
> *A dor que deveras sente.*

Na clínica, a dor é expressa de maneira semelhante e diversa: Álvaro procurou-me, encaminhado por seu psiquiatra, por não aceitar suportar o andamento do seu namoro, nem a possibilidade de seu término. Queria que a sua namorada lhe dedicasse uma atenção que esta não dispendia. Como ela insistia recorrentemente no término, ele sentia-se perdido e ameaçava matar-se, o que fazia com que ela retrocedesse da decisão. Viviam assim, nesses altos e baixos, durante 3 anos. Ele reclamava dessa dinâmica de seu relacionamento, mas mesmo com o comportamento distante da namorada, acreditava não poder viver sem ela.

Começamos o trabalho analítico, e Álvaro, durante 4 meses entre altos e baixos, procurou manter o namoro. Esse era o seu foco! No entanto, nesse período, seu movimento de procuras e desistências possibilitou-nos ver mais claramente um menino – sua majestade, o bebê. Sua história de vida apresentava essa configuração, já que era filho único de um casal de pais idosos, separados, ambos em segundas núpcias, e que tinha como pano de fundo irmãos bem mais velhos dos dois lados. Nos primeiros seis meses de nosso trabalho, Álvaro passou no vestibular e começou a cursar a faculdade que tinha correlação com a empresa da família. Deu andamento à filial que havia sido montada pelos seus pais, conseguindo não interromper as atividades (loja e faculdade) nos meses subsequentes, mesmo com alguns movimentos nesse sentido. Sua transformação foi sentida como favorável por ele, à medida que foi gratificando-se com seu bom desempenho na faculdade, bem como passando a ter menos rompantes agressivos (ataques de fúria). Passou a requisitar menos a mãe para acudi-lo nesses estados frequentes de cobrança de atenção e cuidados. Com aproximadamente um ano de trabalho analítico, um assunto sobre promoção de suas mercadorias tomou conta das sessões, atrelado a questões de vida ou morte de seu negócio. Vivia nisso sua descrença, já que se sentia muito mais como mercadoria de pechincha do que de qualidade. A dor sentida de se perceber apareceu nas suas faltas, que passaram a ser frequentes. Ligou-me duas vezes, nesse período de faltas, após internação por crise de ansiedade, que eu soube somente um bom tempo depois. Nessa ocasião, Álvaro desviou seu olhar, animado, para um relacionamento virtual com uma moça do exterior. Juntos, observamos que a promoção continha "o moção" (no sentido de ser um super-moço), que o libertaria de todo o jugo da vida. Essa busca permanecia de plantão e se reapresentava fortemente naquele momento, projetada no exterior-superior (a moça era uma modelo linda e alta, mais alta que ele), retomando sua antiga descrença em seu interior-inferior. Uma compreensão desse momento me veio *après coup* quando observei que a palavra moção significa uma ação ou ato de mover-se, denotando movimento ou deslocamento, mas também uma comoção emocional, um abalo. Avaliei igualmente que naquele semestre havíamos ajustado o valor da sessão, que diferentemente dos outros analisandos, estava sendo protelado, permanecendo defasado. O que será que tinha apreendido, mas não nominado em mim, ocasionando esse movimento de defasagem x protelação? O que conseguimos saber sobre "o moção", mas não pôde ser vivenciado?

Bion (1970) pontua que toda mudança no psiquismo do paciente quanto do analista, durante o processo analítico, vem acompanhada de alguma forma e grau de sofrimento. Considera ainda a possibilidade de esta vir a ser uma vivência de mudança catastrófica, em que o paciente fica com a sensação muito forte de que está pior, a ponto de psicotizar, e que comumente entra em estado de confusão, depressão, regressão e/ou sentimentos equivalentes. Nesses casos, o analista deve possuir uma capacidade de continência e de paciência, tendo em vista que esse período penoso pode estar anunciando um período de mudanças psíquicas muito significativas.

O fim de ano se aproximava. Sob a queixa do preço ajustado, Álvaro pede para espaçar as sessões, inviabilizando o trabalho, interrompendo a análise abruptamente. O que não foi possível atualizar? A consciência insuportável de estar/ser separado (Joseph, 1992) de mim, e com uma maior percepção do próprio *self* e de viver separadamente dentro da realidade de ser outra pessoa, origina um movimento de *splitting*? Eu podia ajustar o preço, atualizá-lo, e ele não podia atualizar seu modo de relacionar-se? O outro é um estorvo (como eu no momento) ou tem que ser um serviçal a seu dispor? Despede-se dizendo que iria depositar o pagamento, o que faz pela metade (está dividido?). Ao contatá-lo, disse-me que a mãe faria o depósito do restante.

O movimento de asseguramento por meio da divisão (*splitting*) se evidencia na expressão de superficialidade (não podia sustentar o novo) à percepção dos sentimentos. Não pudemos nominar a dor para ser descoberta e vivida.

Como a mãe não deposita o dinheiro faltante, começo uma série de troca de e-mails com ela. Divido o pagamento faltante em parcelas, mas ela só cumpre a primeira. Passados 4 meses, telefono para Álvaro e o contato, a princípio hesitante, torna-se amistoso à medida que se desenrola. Conta-me que estava de mudança para o exterior, que havia vendido a loja e que iria trancar a faculdade com a esperança de transferi-la para o outro país. Imediatamente, após o telefonema, ele deposita metade (novamente metade!) do que faltava, avisando que a mãe havia feito o depósito da outra metade no mesmo momento.

Recebo realmente a transferência dele, mas não a da mãe. Aguardo mais alguns dias e novamente envio um e-mail para a mãe, e não obtendo resposta, entro em contato com Álvaro, que não atende ao telefone. Logo em seguida, envia-me uma mensagem dizendo que havia tido um problema na transferência bancária da mãe e que ela havia repetido o procedimento e que logo estaria na minha conta. Pede-me desculpas pela demora do pagamento, agradecendo minha paciência e minha compreensão. Um breve resumo de um trabalho de 1 ano e 7 meses, aproximadamente, nos dá a dimensão da dor que, alojada no limiar entre o físico e o psíquico, sem poder ser nominada, fica impossibilitada de ser vivida.

Perguntei-me também como ficou a minha dor mental. Refleti que fiquei impossibilitada (ficamos) de trabalhar o que desencadeou essa viagem para o exterior, sem que tivéssemos suportado juntos a viagem para o interior. Nominando minha dor, argui sobre qual vivência transferencial não pôde ser suportada e digerida por nós e realizada com êxito.

Junqueira Filho e Sapienza (1997), quando refletem sobre a frustração e dor psíquica como determinantes do grau de identificação projetiva, assinalam:

> *Do ponto de vista da operacionalização do pensar, parece-nos útil diferenciar uma identificação projetiva, que tem a finalidade de expulsar da psique a substância dolorosa deixando-a sem matéria-prima para a função, da identificação projetiva, que busca um continente externo para acolher temporariamente esta substância, mantendo-a unida à psique ejetora por uma espécie de filamento que, quando possível, lhe permitirá resgatá-la para produzir os elementos. (p. 190)*

A transferência para a namorada modelo linda e alta que poderia torná-lo moção acaba por solapar sua possível condição interna, em construção comigo. Interrompe o vínculo de cooperação, como promotor de crescimento a salvo de culpa. O que tínhamos visto como progresso pode ter se insinuado, até tocado, mas não foi internalizado. No entanto, apontou-me que pude ter paciência e compreensão (sinônimo de não ter desistido dele), assinalado depois do pagamento efetuado. Ele, ao acertá-lo, mantém a porta aberta da minha hospitalidade e continência, ventilando possibilidades de reencontro.

O meu sofrer ficou expresso no trecho da canção "Saudade fez um samba". Esta aponta a saudade, que é um sofrimento, como descoberta presentificada nessas reflexões escritas. "Então não vamos mais brigar/ Saudade fez um samba em seu lugar" (Lira, 1959).

Comumente, o ser humano depara-se com dores indefiníveis, inexplicáveis e incompreensíveis. Costuma, assim, vivenciá-las em clima de terror (inominado), o que muitas vezes o leva a procurar análise. Outras vezes, elas são vividas em pleno processo analítico. Ambas as dores podem ser situadas como pertencentes ao âmbito de profundas mudanças psíquicas, algumas com êxito, expressas em transformações significativas, e outras sem elaboração, muitas vezes presentes em manifestações psicossomáticas. Com frequência, essas dores, quando negadas, são classificadas como inventadas ou fictícias. Muitas vezes são sentidas como parecendo dores físicas, mesmo não encontrando correspondência em situações depressivas, de angústia ou de pânico. No entanto, são dores da ordem do psicossoma, que podem ser sentidas e não sofridas (psíquicas).

A ameaça de descontrole é tão apavorante que se evita viver a emoção. E o descontrole pode não ser da loucura, mas do medo do desconhecido, do novo, da transformação do narcis-ismo para o social-ismo (Bion, 2004/1963). Isso concorre muitas vezes para que o indivíduo evite a dor, ficando impedido de ter uma real e condizente experiência, o que poderia assinalar uma energia psíquica favorecedora de expansão mental criativa, que é o preço de se ser uma pessoa viva. Lúcio procurou-me porque sua esposa mandou-o para terapia, caso contrário, seu casamento estaria terminado, além de denunciá-lo por agressão na Delegacia da Mulher. Isso em função de ele ter dado um tapa em seu rosto, em um momento de discussão intensa e calorosa entre os dois, o que se mostrava cada vez mais frequente.

Era o segundo casamento de ambos, sendo que ele não havia tido filhos. A maior queixa de Lúcio era dos filhos da esposa que não aceitavam e dificultavam o casamento dos dois, mesmo que este tenha ocorrido muito tempo depois da separação dela.

Nos primeiros seis meses de análise, foi gradativamente aparecendo o ódio que ele mantinha da esposa por tê-lo considerado louco e violento, já que o havia obrigado a ir para terapia. Quando lhe mostrei que ele permanecia em terapia para provar para a esposa que ela é quem era débil mental por se casar com um louco, a direção da análise ganhou outro colorido. Deixou de ser uma sentença de sua insanidade, para ser de descobertas dolorosas e significativas. Passaram a aparecer as suas feridas mais profundas, a princípio rejeitadas e racionalizadas, para sentidas e sofridas. Lúcio via-se mais como Lúcifer do que uma possibilidade de luz. Fomos iluminando sua vida interior e sem saber, até então, quem era seu pai biológico, foi em busca de suas origens. Como era órfão de mãe desde os 8 anos e acusado por alguns parentes de ser o causador de sua morte por ter sido rebelde e mimado, Lúcio e eu fomos gradativamente ao encontro de suas rebeldias. Em momento intenso, abraça a sua própria causa ao publicar: "Não estou mais aqui 'forçado', estou aqui pela minha própria 'força', junto com você!".

Demonstrando sentir-se acompanhado, em outra sessão marcante, publica seu *insight* com surpresa ao perceber que não mais fazia drama com a esposa, a cada conflito do casal, de sair de mala e cuia de casa, esperando ela ir atrás dele pedindo para voltar. Igualmente, dava-se conta que a faculdade, que retomou após desistência, passava a ter outro significado em sua vida. Refletindo, constatou que não precisava mais ensinar as matérias em grupo para os colegas e depois, repetidamente, tirar nota baixa, provocando comoção geral: "Coitado do Lúcio! Tão capaz e tão azarado!". Percebeu o quanto se alimentava da pena dos outros e da venda da imagem de paizão, nutrindo-se com isso.

A cada *insight*, Lúcio ficava espantado, num misto de decepção e surpresa diante das novas possiblidades de se relacionar que se apresentavam. Aparecia sua real dificuldade de relacionar-se com o outro, de esperar e de desejar, sem precisar projetar para dentro das pessoas seu terror inominado. No final do primeiro ano de análise, ao mesmo tempo que conhece seu verdadeiro pai, perde o adotivo. Emoções pungentes são partilhadas em sala de análise, oscilando entre sentir-se incapaz e tornar-se responsavelmente ativo pela sua vida mental e relacional.

Fomos nominando seu amor e seu ódio vividos em suas relações com seus objetos internos e externos, com significativa diminuição de busca por promessas e garantias.

Esse alavancar de emoções coincidiu com o aumento do número de sessões, bem como com o passar a deitar-se no divã. Lúcio entra em contato com os primórdios da dor e sofridamente passa a acreditar que ela pode ser benéfica por conter dentro de si a esperança.

No final do segundo ano de sua análise, em uma sessão pungente, chega visivelmente abalado, deita-se e diz que quase chegou a me ligar para ver se eu tinha algum horário antes, tal seu estado de dor. Chora e passa a contar sobre o episódio ocorrido no final de semana:

L – Estou muito sofrido (com a voz embargada). Estive na nova loja (seu negócio começa a prosperar e ele abre uma filial em outra cidade) que minha sobrinha toca, sob minha orientação. Você sabe que sempre confiei nela! Minha esposa foi junto. Foi tão bom! Ia cuidando de tudo e ela, assim sentia, ficava ao lado demonstrando confiança no modo como eu dirigia, mesmo não sendo a área dela... (e, entre indignado, surpreso e triste, continua). E não é que minha sobrinha foi falar mal de mim pra ela? Ela fez aquilo que você chama... dividir... parece que tentando pôr minha esposa contra mim. Só soube na viagem de volta, quando ela me contou. Ela havia dito, ainda lá, que minha sobrinha queria falar comigo. Mas na verdade, ela estava tentando fazer com que ela falasse direto comigo. Mas nada... fui falar com ela e ela desviou o assunto. Tentou pôr minha esposa contra mim...

A – Tentou, mas não conseguiu porque você acreditou em você e na sua relação com ela... e comigo. Você demonstra sentir-se traído... mas deve ser ao seu velho modelo, já que não foi tirar satisfações com sua sobrinha, além de ter conseguido esperar para conversar comigo.

L – Sabe que acordei ontem querendo ligar para ela? Tinha tanta dor, ódio, tristeza... mas pensei e achei que não iria levar a nada. Seria como antes... botaria pra quebrar, mostraria quem mandava no boteco... pra quê? (fala agressivo e reflexivo). Onde isso me levou? A ser ninguém, mas vestido de rei?... mas o rei estava nu...

Lúcio não utilizou velhos e conhecidos mecanismos seus para alcançar a paz, mesmo que provisória. Conta comigo (com o outro, com sua esposa) e vem experimentando perceber que tem suportado esperar (ter esperança!), acreditando em seus conteúdos que, acreditava, tinham sido retirados. Vai se responsabilizando ativamente por sua mente, suas emoções, seu amor e seu ódio. Antes repudiado, pobre de significados mentais, sua dor tem passado a ser um elemento poderoso no desenvolvimento da capacidade de pensá-la. Penso que Dantas Jr. (1999) assinala com propriedade sua leitura de Bion sobre a dor quando atribui que "A meticulosa descrição que ele faz das pessoas e dos processos psíquicos não designa uma forma singular de dor, mas um modo singular de experimentá-la e de atribuir significados psíquicos às suas consequências" (p. 578).

Lúcio e eu temos caminhado por trilhas tortuosas que me evocam, nestes escritos, a música "Drão":

Drão o amor da gente é como um grão
Uma semente de ilusão
Tem que morrer pra germinar, plantar nalgum lugar
Ressuscitar no chão nossa semeadura
Quem poderá fazer aquele amor morrer!
Nossa caminhadura
Dura caminhada pela estrada escura
Drão não pense na separação
Não despedace o coração
O verdadeiro amor é vão, estende-se, infinito
Imenso monolito, nossa arquitetura
Quem poderá fazer aquele amor morrer!
Nossa caminha dura
Cama de tatame pela vida afora
Drão os meninos são todos sãos
Os pecados são todos meus
Deus sabe a minha confissão, não há o que perdoar
Por isso mesmo é que há de haver mais compaixão
Quem poderá fazer aquele amor morrer

Se o amor é como um grão!
Morre, nasce trigo, vive, morre pão.
Drão

(Gil, 1982)

Considerações finais

Uma aproximação que me faz sentido é a possibilidade de a dor psíquica passar do estado de ficção para se tornar realidade, a partir do princípio da sua validação. Auxiliada pela leitura dos trabalhos mencionados anteriormente e de outros que abordam o tema da dor psíquica (Amendoeira, 1999; França, 1999; Korbivcher, 1991; Saba, 2005), faço algumas considerações reflexivas, procurando distinguir, a princípio, dois estados de mente ligados à dor, a fim de privilegiar sua leitura metapsicológica. Esses dois estados, a meu ver, são posteriores à manifestação de sintomas somáticos por estarem no caminho da possibilidade de virem a ser pensados. A dor mente/corpo, sendo limítrofe, poderá vir a ser um momento de passagem para a real dor psíquica. Essa dor, quando suportada, poderá contribuir para a ampliação da capacidade de sofrer dor, além de capacitar o indivíduo a sofrer prazer.

Dor mente/corpo (limítrofe)

- Sentimento enlouquecedor.
- Difusa e pulverizada.
- Esquizoparanoide (posição).
- Sem nome.
- Parcial (objeto).
- Retraída, escondida e reducionista.
- Angustiante.
- Apavorante e aprisionadora.

- Narcísica.
- Ligada à permanência.
- Com perspectiva de perda.
- Estimulante de defesas psíquicas.
- Manifesta e visível.
- Positivo (enquanto aparente).

Dor psíquica (sofrida)

- Emoção assustadora.
- Centrada e contida.
- Depressiva (posição).
- Nominada.
- Total (objeto).
- Expandida.
- Podendo ser mais suportável.
- Transformadora.
- Com relação de objeto.
- Ligada à mudança.
- Com percepção de perda.
- Com menor defesa psíquica.
- Latente.
- Negativa (enquanto presença ativa invisível).

A partir dessa distinção e da possibilidade de comunicação entre ambas, podemos pensar qual é a função da dor psíquica, à medida que não sofrer essa dor nos impossibilita de descobrir o que nela se encerra:

> *Ao sofrer desamparo, descobrir o amparo, a potência e a competência.*
> *Sofrida a prisão, descobrir a liberdade.*
> *Sofrida a fragilidade, descobrir a segurança.*

> *Sofridos os desmoronamentos, descobrir a construção.*
> *Sofrida a ausência, descobrir o encontro.*
> *Sofrida a dor da incompletude, descobrir o complementar.*
> *Sofridas as dores do viver, descobrir o prazer...*

Retomo, como derradeira reflexão, a metáfora da música "Drão", que pode agora nos soar como um badalo da dor/prazer de quem aspira e se equipa para ter vida mental ligada às pessoas e à vida real.

> *Por isso mesmo é que há de haver mais compaixão*
> *Quem poderá fazer aquele amor morrer*
> *Se o amor é como um grão!*
> *Morre, nasce trigo, vive, morre pão.*

Referências

Amendoeira, W. (1999). Dor psíquica. *Revista Brasileira de Psicanálise, 33*(3), 545-553.

Bion, W. (2004). *Elementos de psicanálise.* Imago. (Trabalho original publicado em 1963)

Bion, W. R. (2007). Continente e contidos transformados. In W. R. Bion, *Atenção e interpretação* (pp. 115-134). Imago. (Trabalho original publicado em 1970)

Dantas Junior, A. (1999). Dor psíquica e o negativo: uma ilustração do trabalho do negativo no campo da experiência da dor. *Revista Brasileira de Psicanálise, 33*(3), 573-584.

França, M. O. (1999). O inexorável da dor humana junto ao processo analítico. *Revista Brasileira de Psicanálise, 33*(3), 555-571.

Gil, G. (1982). Drão [Música]. WEA Discos.

Gilberto, J. (1959). Saudade fez um samba [Música]. Odeon.

Joseph, B. (1992). Em direção à experiência de dor psíquica. In *Equilíbrio psíquico e mudança psíquica.* Imago.

Junqueira Filho, L. C. U., & Sapienza, A. (1997). Eros tecelão de mitos. In M. O. A. F. França (Org.), *Bion em São Paulo: ressonâncias.* Acervo Psicanalítico.

Korbivcher, C. F. (1991). Dor psíquica e desenvolvimento mental. *Jornal de Psicanálise de São Paulo*, *24*(47), 69-79.

Lira, C. (1959). Então não vamos mais brigar [Música]. In *Saudade fez um samba em seu lugar.*

Pessoa, F. (1978). *O eu profundo e os outros eus: autopsicografia.* Nova Aguilar.

Saba, C. R. (2005). Indiferença, arbitrariedade e sofrimento psíquico. *Revista Brasileira de Psicanálise*, *39*(2), 93-98.

Zweig, S. (2014). *Três novelas femininas.* Zahar.

8. *Os retirantes*, de Cândido Portinari: o esforço para ser humano é o que nos torna vivos[1]

Porque o que é bonito é o que captamos enquanto passa. É a configuração efêmera das coisas no momento em que vivemos ao mesmo tempo a beleza e a morte. Ai, ai, ai, pensei, será que isso quer dizer que é assim que temos de viver a vida? Sempre em equilíbrio entre a beleza e a morte, o violento e seu desaparecimento? Estar vivo talvez seja isto: espreitar os instantes que morrem.

Barbery, 2008, p. 293

Perda e recuperação

Em tempos em que os imigrantes são considerados *persona non grata* em quase todo o mundo, nunca Portinari esteve tão atual na sua arte de *Os retirantes.*[2]

---

1 Trabalho publicado em 2019 na revista *Ide*, *41*(67/68), 275-281.

2 Imagem disponível em: masp.org.br/acervo/obra/retirantes (acesso em: 15 jun. 2025).

Todos nós somos retirantes após a cesura do nascimento, quando excluídos pisamos nesta terra pós-mundo uterino. Seremos eternos imigrantes em busca da terra prometida.

Nos estados primitivos da mente, os processos de (des)integração são caracterizados por experiências recorrentes de perda e recuperação (Klein, 1957/2006). O sentimento de "estar perdido" é equivalente ao medo da morte. A perda do objeto externo, como a pátria mãe, o chão que habita e é habitado, desempenha um papel na solidão ao longo da vida. A dor que acompanha os processos de integração contribui também para a solidão, intensificada na vivência da posição depressiva. Junto à desintegração, ao aniquilamento e à cisão, existe desde o início da vida humana à natural tendência à integração.

Se nos remontarmos aos primórdios da espécie e ao nosso parentesco com os peixes, tão bem expresso por Ferenczi em "Thalassa" (1924/2011), proponho que Portinari retrata a saída da vida intrauterina, em parte pelo conhecimento filogenético inconsciente de descendermos de vertebrados aquáticos e que nos denomina retirantes. A tela expressa essa dor da passagem da vida aquática para a seca paisagem, nos obrigando à sobrevivência e à adaptação a uma vida terrestre que exige respirabilidade através dos nossos próprios pulmões.

Nesse sentido, o simbolismo marinho da mãe possui um caráter mais arcaico, mais primitivo, ao passo que o simbolismo da terra reproduz aquele período mais tardio em que o peixe, lançado à terra em consequência da secagem dos mares, tinha de se contentar com a água que se filtrava desde as profundezas do subsolo (o qual, ao mesmo tempo, o alimentava) (Ferenczi, 1924/2011).

Avento que Portinari, ao pintar uma família pródiga com seis filhos, retrata a fertilidade do casal, algo como uma busca talâmica do mundo intrauterino vivido por meio da relação sexual. Esse "retorno temporário" (Ferenczi, 1924/2011) ao seio materno, a repetição dos perigos inerentes ao nascimento, a luta e a adaptação à vida nos enternecem em sua pintura. O coito se encarrega por si só da satisfação do corpo, de amenizar os traumas vividos no decorrer da própria existência humana, com potência e superação. *Os retirantes* passam a ser a expressão da luta ancestral humana após a "catástrofe da seca" – vida extrauterina, vida severina.

A posse de verdadeiros órgãos genitais, o desenvolvimento no interior do corpo materno e a sobrevivência à grande catástrofe da seca dos oceanos constituem, portanto, uma entidade biológica inseparável; poder-se-ia ver nisso a causa fundamental da "identidade simbólica que existe entre o ventre materno, o oceano e a terra, por uma parte, entre o membro viril, a criança e o peixe, por outra" (Ferenczi, 1924/2011, p. 319).

O sentimento de morte

O esforço de se tornar humano está entre as poucas coisas da vida humana que pode ser mais importante para a pessoa do que a sobrevivência.

Ogden, 2013, p. 31

O material psicanalítico corrobora para nos apontar essa busca incessante.

M – Meu marido me matou ao me trair, acabou com tudo que tínhamos, sou uma morta. Me libere das sessões, basta uma por semana…, me diz Maria.

A – Do que você espera se liberar?

M – Dessa dor (e aperta o peito, constrita).

A – Então você está viva… sofrendo muito, muito! E estou aqui com você nessa dor.

M – Eu estou doente… em pedaços… e para esse mal não há cura… queria apagar tudo… acreditar que nada disso aconteceu comigo…"

A lua cheia e os corvos

Os retirantes, ocupantes do espaço todo da tela, mal nos permitem notar a lua cheia e escura e a profusão de corvos no céu, em vez de estrelas.

A lua cheia, comumente associada à anunciação de tempos de loucura no homem e uivos nos animais, também "corresponde à Grande Mãe". A lua que resplandece no céu era vivida na Antiguidade como sinal de plenitude e fertilidade, benéfica para toda a natureza e especialmente fecunda para a psique feminina. Quando a lua concluía a última fase e desaparecia, "realizava-se a dramática Lua Negra, a ausente, passando a ser o demônio da obscuridade" (Sicuteri, 1986, p. 61). Proponho assim que a lua negra de Portinari revela, na tela, a obscuridade da vida sofrida, tão difícil de ser dita em palavras, quanto de a vermos desenhada.

O corvo simboliza a morte, a solidão, o azar, o mal presságio. Em contrapartida, pode simbolizar a astúcia, a cura, a sabedoria, a fertilidade, a esperança. Essa ave está associada ao profano, à magia, à bruxaria e à metamorfose.

É recente a associação do corvo com o mau agouro, a morte, o azar. Entretanto muitas culturas acreditam que essa ave mística simboliza aspectos positivos, por exemplo, para os ameríndios simboliza a criatividade e o sol; para os chineses e japoneses, o corvo simboliza a gratidão, o amor familiar, o mensageiro divino que representa o bom presságio.

Em algumas tradições africanas e nativas americanas, o corvo é um guia benevolente cuja visão aguçada lhe permite enviar alertas aos viventes e que também orienta os mortos em sua jornada final.

Dá para acreditar que essas aves, essa lua negra (Sicuteri, 1986), podem ser reveladoras da luz, do sol e do renascimento?

É possível considerar que uma traição conjugal é capaz de anunciar novos ventos em uma relação falida, primeiramente consigo mesma, cindida, em pedaços? São 33 corvos e nove sobreviventes em pinturas triangulares, influência de Picasso sobre Portinari, que ficou impressionado com a *Guernica*. As pessoas dispostas em três: avô, neta e neto; mãe bebê e outro filho; pai, filha e filho e a barriga evidenciando uma nova gravidez. Pessoas férteis e famintas. Olhos que não enxergam… ou veem tudo. É a luta dos retirantes por um mundo novo. Sozinhos, profundamente sós, em terreno árido de água e de semelhantes. O silêncio dos retirantes expressa o anseio insatisfeito pela busca de uma compreensão sem palavras, alimentando ainda mais o sentimento de solidão, por não encontrarem mais a relação primeira (habitualmente a mãe), quando o contato íntimo de inconsciente para inconsciente era também sem palavras.

Reunir-se em um lugar para se tornar inteiro

Poderíamos dizer que Portinari agrupa a família em um *holding* físico para dar a dimensão do emocional em curso e acolher, como Winnicott aponta, mencionado por Ogden (2013), a dor dos retirantes, reunindo-os em um lugar para os tornar inteiros. *Os retirantes* podem assim, nessa experiência comunicada como um fenômeno transicional, ser uma faceta do processo de internalização da função materna de sustentar uma situação emocional no tempo. Essa área entre a fantasia e a realidade, apontada por Winnicott como a raiz do simbolismo no tempo e na vida experenciada, Portinari permite que a vivenciemos como um processo de internalização do ambiente agreste e árido e das relações humanas quando se sustentam a partir do real interno e externo. E "o espaço mental e a capacidade de pensar são criados pela estrutura que permite separação e ligação entre objetos internos e self e outros, ao invés de fusão ou fragmentação" (Breen, 1996, p. 105).

Se é viável pensarmos que o reunir pode significar "tornar-se inteiro", a pintura de Portinari, bem como meu encontro com a paciente, que disse "para o meu mal não há cura", me evocam a cura como possibilidade. A palavra cura vem da raiz latina cura, cuidado (Cunha, 1986). E cuidar se origina de cogitare, cogitar, imaginar, pensar, tratar de dar atenção a, ter cuidado com… (Ferenczi, 1924/2011).

Partilho a música "A cura", de Lulu Santos, que emergiu na sessão com a paciente supracitada, em que a letra trouxe novos significados ao nosso caminhar psicanalítico.

Existirá
Em todo porto tremulará
A velha bandeira da vida
Acenderá
Todo farol iluminará
Uma ponta de esperança

E se virá
Será quando menos se esperar
Da onde ninguém imagina
Demolirá
Toda certeza vã
Não sobrará
Pedra sobre pedra
Enquanto isso
Não nos custa insistir
Na questão do desejo
Não deixar se extinguir
Desafiando de vez a noção
Na qual se crê
Que o inferno é aqui

Existirá
E toda raça então experimentará
Para todo mal, a cura.

(Santos, 1988)

Na última estrofe da melodia que canta – para todo mal, a cura –, o "a" não é com "h", de existir. Conjecturamos, Maria e eu, que para todo mal há a possibilidade do cuidado humano. E, em vez do afastamento pedido por meio da diminuição do número de sessões, cogitamos (de onde se origina a palavra cuidar) que a confirmação deste asseguraria sua falência e seu desfazimento como pessoa inteira. Nossa caminhada continua. Recentemente, com maior número de sessões, temos dado vazão aos seus pesadelos prenhes de maus agouros, até então revestidos por uma pseudossegurança expressa no seu modo de ser autoritário, "manda quem pode, obedece quem tem juízo", tanto no trabalho como em suas relações afetivas. Esse modo opressivo e opressor já estava presente na vinheta anteriormente relatada, quando me pediu para que a liberasse das demais sessões. Temos reunido e procurado sustentar em um *holding* real interno e externo, migrando e imigrando pelos estados primitivos da mente humana, que lhe permite sair do "ai, ai, ai" contido na epígrafe deste capítulo e ir para o "e aí..." que anuncia possibilidades de movimento e de busca.

A "cura" da incompletude Portinari colocou em tela. Eu coloco, em palavras associativas sonhantes, a busca da cura como cuidado, com base na esperança realista, no próprio limite da liberdade e na resiliência que é do ser humano vivo que vai além do simplesmente viver.

Referências

Barbery, M. (2008). *A elegância do ouriço.* Companhia das Letras.

Breen, D. (1996). Phallus, pênis e espaço mental. In *Livro Anual de Psicanálise* (Tomo XII), 99-106.

Cunha, A. (1986). *Dicionário etimológico da língua portuguesa* (2a ed.). Nova Fronteira.

Ferenczi, S. (2011). Thalassa. In S. Ferenczi, *Obras completas* (Vol. III). Martins Fontes. (Trabalho original publicado em 1924)

Klein, M. (2006). *Inveja e gratidão.* Imago. (Trabalho original publicado em 1957)

Ogden, T. (2013). *Reverie e interpretação: captando algo humano.* Escuta.

Santos, L. (1988). A cura [Música]. *Toda forma de amor* [Álbum]. Warner Music.

Sicuteri, R. (1986). *Lilith: A lua negra* (2a ed.). Paz e Terra.

9. Associações estéticas como representação do mundo mental sem palavras[1]

O mundo somente pode ser suportado se for transformado em um fenômeno estético. Uma filosofia que não pretende explicar o mundo, somente se pode originar da experiência estética do mundo.
Schopenhauer citado por Safranski, 2011, p. 398

A obra de arte resulta de um comportamento amoroso para com sua própria intimidade.
Andreas-Salomé citado por Ferreira, 2000, p. 196

Onde crio sou verdadeiro.
Rilke citado por Ferreira, 2000, p. 174

---

1 Publicado em 2017 na revista *Ide*, 40(64), 247-256.

> *Não é possível pensar sem imagens. No grego a palavra ideia vem do verbo ver. Portanto ideia é uma imagem mental, e não por acaso, a palavra imaginação vem do mesmo radical de "luz", e como aponta Aristóteles a imaginação é um movimento produzido pela sensação em ato. E uma vez que a visão é o sentido por excelência, a imaginação (em grego phantasia) tirou seu nome de luz, pois sem luz é impossível ver-se.*
>
> Menezes citado por Moreschi, 2014, p. 14

> *Ela nos diz que, como os sonhos, a arte representa a realidade, sendo uma forma de conhecê-la, de comunicá-la, mas também cria uma realidade que ela mesma torna passível de expressão.*
>
> Nosek, 2014, p. 6

> *Imagens são palavras que nos faltaram.*
>
> Barros, 2013, p. 241

> *A arte não reproduz o visível. Torna-o visível.*
>
> Klee, 2012, p. 6

As manifestações estéticas são formas de expressão para tornar o mundo suportável? Elas são uma forma de aproximação amorosa à própria intimidade psíquica? Uma forma de contato com o eu verdadeiro? Um objeto intermediário para o pensar? Uma transformação do mundo mental sem palavras em imagem, poema ou música, para nominá-la e, como os sonhos, representar e/ou criar a realidade psíquica? Envolvida por essas aproximações do pensar sobre a estética, partilho uma breve observação sobre um material clínico.

Chegou como uma concha e deitou-se espreguiçando como quem abre possibilidades. Conta que tudo continuava igual e que estava cansada de seu desânimo e da demora para melhorar.

A descrição por si só dessa experiência, vivida no início de uma sessão de análise, apresenta a apreensão de uma imagem estética:

uma concha fechada. Poderia ser a confusão (con-fusão) reinante de que o "sentir-se cansada" seria sinônimo de apatia e não de um sentimento pertinente, portanto, uma "pérola" da mente, que estava se tornando presente? Assim, a "concha fechada" poderia ser uma busca de contenção que até então serviu para proteger de sentimentos e emoções assustadoras, passíveis de elaboração no encontro analítico que se iniciava?

Associações estéticas como matéria-prima da mente

> *O que nos prende tão poderosamente à obra de arte só pode ser a intenção do artista, até onde ele consegue expressá-la em sua obra e fazer-nos compreendê-la. Entendo que isso não pode ser apenas uma questão de compreensão intelectual; o que ele visa é despertar em nós a mesma atitude emocional, a mesma constelação mental que nele produziu o ímpeto de criar. Mas por que a intenção do artista não poderia ser comunicada e compreendida em palavras, como qualquer outro fato da vida mental? Talvez, no que concerne às grandes obras de arte, isso nunca seja possível sem a aplicação da psicanálise. (Freud, 1914/2006, pp. 217-218)*

Enquanto aguardo César me observo pensando sobre seu frequente atraso, assunto presente nas últimas sessões. Noto ainda que meu sentimento é de desânimo diante dessa sua grande dificuldade e percebo-me triste quando penso que "não vai ter jeito"!

Ele chega quase no final da sessão, me faz o pagamento, deita-se e, após um breve silêncio, diz:

C – Acho que não vou mais chegar atrasado. Troquei a reunião (que acontecia sempre no horário anterior a esta sessão) *para outro dia!*

Nesse momento, sou invadida por uma piada antiga em que um presidente, ao ser questionado por seu auxiliar sobre marcar uma reunião para a sexta-feira e este lhe perguntar se sexta se escrevia com s ou x, disse: "Mude para quinta!".

Penso na piada: o presidente troca o dia da reunião para não admitir, junto ao seu assessor, a sua "burrice", como o povo o coloca nessa anedota. Penso ainda no esforço de César em trocar a reunião, como solução mágica, para não tratar de sua "burrice". É falta de inteligência ou o seu incômodo contém um desagrado em função de "desconhecer" as motivações que o têm impedido de chegar na hora da sessão?

Após essa lembrança, o silêncio que se seguiu provocava em mim uma urgência, como se ele estivesse desagradado, esperando que eu o parabenizasse pela inciativa e cuidado. Após mais um tempo de silêncio pesado, digo:

A – Você "acha"? "Acha" que não vai mais chegar atrasado? Você põe dúvida quanto à eficácia dessa decisão... pode ser que essa dúvida nos sinalize algo importante.

A partir desse momento, contrariando meu sentir inicial, a sessão, mesmo com o pouco tempo que tínhamos, torna-se intensa e participativa. Fala que se esforça muito na vida, mas sem resultados. Como sinto que o esforço dele não é para si, mas para os outros, e que isso o faz sentir-se incompetente, comunico isso a ele, que concorda, dizendo logo a seguir:

C – Sou um burro mesmo! E ainda tenho que contar com os outros, funcionários, clientes, família... Estou me esforçando, mas... sempre sem resultados...

Como ele me passava que seu atraso era por culpa dos outros (seus subordinados "exigiam" sua presença, mesmo com a reunião terminada) e a incompreensão era minha, percebendo sua dificuldade em sentir que o trabalho para aproximação dessas questões era nosso, sugeri a ele que o "nosso" tempo juntos era para proveito nosso, porque nós dois necessitávamos desse tempo, e ele completou dizendo que se sentia cobrado pelos seus atrasos e que ele é que precisaria se submeter ao meu tempo, ao meu limite e às minhas regras.

Fez-se um silêncio opressor, quando fui tomada pela música "Você vai me seguir":

> *Você vai me seguir aonde quer que eu vá*
> *Você vai me servir, você vai se curvar*
> *Você vai resistir, mas vai se acostumar*
> *Você vai me agredir, você vai me adorar*
> *Você vai me sorrir, você vai se enfeitar*
> *E vem me seduzir*
> *Me possuir, me infernizar.*
>
> (Buarque & Guerra, 1976)

O silêncio desconfortável permanecia e, ainda envolta pela força da música (e de sua letra), na dúvida de que essa poderia retratar o que estava vivendo com César, ele fala com voz desagradada: "E não sou eu que tenho que me submeter? [pondo ênfase nas palavras]. As pessoas precisam de mim... [entre reflexivo e, sobretudo, irônico]".

Sentindo a não cordialidade reinante e intuindo que algo dolorido, desconhecido e indigesto se apresentava, sou novamente tomada pela música em sua continuidade:

> *Você vai me trair, você vem me beijar*
> *Você vai me cegar e eu vou consentir*

Você vai conseguir enfim me apunhalar
Você vai me velar, chorar, vai me cobrir e me ninar.

(Buarque & Guerra, 1976)

Com compaixão, diante de tamanha impotência e subserviência que vamos entrando em contato, gradativamente falo que ele sentia estar nas minhas mãos, como dependente da empresa e das demais pessoas. A partir da associação estética musical por mim experimentada, digo-lhe que ele sugeria acreditar que teria que se submeter, curvar-se e me seguir. Ele disse, então, (surpreso!) que se assustava com precisar dos outros, de mim, de seus funcionários, e que tinha medo de contar comigo... Após breve, profundo e reflexivo silêncio, ele pergunta, no término da sessão: "Há quem fale... que uma mão lava a outra"! Completo dizendo que o caminho que estávamos trilhando estava sendo regido por nós dois, sem comandante ou comandado, com a nossa mútua anuência, sem servidão. Na despedida, ele meio que sussurra (reflexivamente): "é... mas não entendo ainda esse nós... que você fala".

"A arte não revela a realidade, a arte a inventa"[2]

As primeiras experiências da vida são sensoriais e estéticas (Likierman, 1994), presentes desde o nascimento. E essas são acrescidas e investidas posteriormente de significados pessoais próprios, caso contrário, ficariam empobrecidas, limitadas exclusivamente ao sensorial.

"A primeira experiência estética se baseia na sensação, laço este reforçado linguisticamente, pois a palavra 'estética' deriva da palavra grega que significa 'sensação'" (Likierman, 1994, p. 281).

2 Gullar, 2015.

As experiências estéticas manifestas nas relações, bem como no encontro psicanalítico, não são explicativas e não têm compromisso com desenvolvimento ou maturidade psicológica. Elas iluminam as primeiras vivências infantis, criando uma vida de fantasia – símbolos com representação – e favorecendo sua ressignificação. Assim, permitem criar uma vida mental interna.

A atenção flutuante nas imagens, na música ou na poesia que apreendemos, pode configurar um pensamento em seu cerne, calcado nos objetos internos? Ela revela o verso e o reverso, a coisa em si? Quais são os objetos internos com possibilidades de transformação, que criam e recriam o eu verdadeiro?

A experiência de ter sido "tomada" pela música de Chico Buarque e Ruy Guerra e essa ter feito aproximações à experiência emocional em trânsito, fizeram-me ir em busca da letra e da história da música. Os dois autores a lançaram em 1976, e o que encontrei me causou algumas reflexões. O presidente Geisel, nessa ocasião, procurou fazer a abertura política prometida de forma lenta, segura e gradual (Homem, 2009). A censura era férrea, mas a revista *Veja*, em junho daquele ano, livra-se dela. No entanto, bombas continuavam ainda atingindo organizações como a Ordem dos Advogados do Brasil (OAB). O Movimento Democrático Brasileiro (MDB) vence as eleições e a inflação corrói os salários. Nesse clima, Chico lança o disco *Meus caros amigos* e faz diversas canções para o cinema. O disco representa um momento em que ele, com muitos amigos exilados, escreve, entre outras, "Você vai me seguir", e se alia a Ruy Guerra. Ele, ainda no Brasil, sofria ameaças constantes de ser banido do seu país por discordar da política vigente de censura à livre expressão de pensamento. Assim, refleti que César evocava uma vivência árida em presença/ausência não compartilhada, e sentida como ameaçadora e impositiva, sem discriminação de identidade própria, anunciando emoções não nominadas de abandono e desamparo, revestidas que estavam de autossuficiência.

Se as associações estéticas, vividas no encontro analítico intersubjetivo, podem revelar o interior da pessoa, a criação não é um mero acontecido. Schiller (citado por Pontalis & Mango, 2013) sugere que se "necessita de uma metáfora, denotando dessa forma a relação essencial entre imagem poética e o pensamento" (p. 71). Assim, essas associações passam a ser uma experiência que pode ser entendida como uma primeira inscrição psíquica, e "se caracterizar por um funcionamento mental, ainda que rudimentar, mas com possibilidades de expansão e refinamento" (Rapeli, 2006, p. 48).

A representação estética pode ser a expressão da percepção do extraordinário disfarçado de cotidiano. A atenção livre sobre ela nos surpreende por estar em instantes fugazes, rápidos e intensos – porque verdadeiros –, e por serem fenômenos em trânsito que podemos nos habilitar a viver. Esse encontro é a arte em si mesma na medida que promove o relacionamento. Relacionamento primeiramente conosco, o que nos equipa a nos relacionar com o outro. A expressão estética associativa favorece a integração de vivências antitéticas, como: ausência e presença; vida e morte; corpo e mente; corte e continuidade. Essa união, discriminada na vivência psicanalítica, possibilita uma cesura criativa.

Quando César termina a sessão dizendo que não entendia "ainda" sobre o significado de "nós", de "fazer junto", *après-coup* penso que ele ficava corroído pelo seu passado de censura interna, em que um algoz o martirizava, obrigando-o a seguir o caminho da subserviência no atendimento às necessidades dos outros. O meu sentimento inicial de "não vai ter jeito" encerrava sua descrença em si mesmo, agora transformada em "não alcanço ainda esse nós...", como uma esperança de passagem da experiência de exilado e perseguido para uma *reverie* partilhada.

Nesse viés, uma passagem da vida de Chico Buarque ilustra essa vivência intra e interpsíquica de associação estética vivida com César, como algo que se conecta como expressão dessas emoções primitivas, mesmo que aparentemente parecesse não ser:

Chico passara a tarde conversando com o amigo Paulo Pontes, cuja doença o preocupava. Saiu da visita transtornado e louco para tocar violão. Na mesma noite, compôs "Olhos nos olhos" (Buarque, 1976). Ele usa esse episódio para ilustrar que nem sempre as canções se relacionam a vivências imediatas, posto que a letra da canção nada tem a ver com a tristeza que lhe provocara a situação do amigo (Homem, 2009).

Correlacionando, penso que César, sem condições de poder ligar o vivido com seus funcionários à experiência ali comigo, me toca e eu posso traduzir esse pesadelo através da letra de uma música. Depois, esta pôde ser "sonhada a dois na sessão": a emoção de medo, perseguição e submissão que toda parceria invocava nele. Vivenciamos, assim, o que foi descrito por Perrini (2017) como a realização de três trabalhos mentais:

> *Primeiro: apreender o sonho diurno, que pode ocorrer como um lampejo, um espanto, um poema, uma imagem, uma música, uma história constituída; segundo: elaborar uma forma para dar expressão verbal ao sonho diurno, tarefa individual do analista; e terceiro: trabalharmos juntos o sonho que, a partir da experiência emocional apreendida e despertada pelo sonho diurno e pela comunicação do trabalho do sonho-alfa, vai sendo sonhado a dois, na sessão. (p. 145)*

Se a "phantasia inconsciente" (Segal, 1966) é a expressão mental dos instintos, e para cada instinto existe uma fantasia de um objeto apropriado correspondente – e que eles, por definição, buscam esses objetos –, a associação estética pode ser uma forma de expressão que, acompanhada da experiência real, em constante interação, tem como finalidade esse encontro: o de estabelecer relações de objeto (Fairbairn, 1949/1978), seu verdadeiro objetivo.

As associações estéticas e a psicanálise estão compromissadas com o particular exercício de viver. Assim, o espanto se instala pelo interesse em cada instante da vida, com "multiplicidades simbólicas e muitas vertentes. E sabemos que os momentos de integração psíquica são, por sua natureza, multidimensionais" (Rapeli, 2006, p. 52).

A expressão estética amplia e sintetiza a transformação desses significados e a psicanálise expressa a sua transformação metapsicológica, "no cenário meta-psico-lógico, as contradições existem para serem sofridas e não para serem desfeitas: só mergulhando na dor psíquica é que encontraremos a bússola que nos norteará na apreensão da configuração emocional presente" (Junqueira Filho, 2014, p. 27).

Junqueira Filho (2014) destaca a "meta-psico-logia" como o coração da psicanálise e que só pode "ser apreendida mediante uma abordagem polivalente que Bion denominou de 'interpretação-construção'" (p. 26). Atribui à "meta-psico-logia" um "conjunto dos esforços econômicos empreendidos pelo psiquismo para representar a experiência emocional através de uma artimanha estética, causadora de espanto e/ou admiração" (p. 22). Temos assim uma conjunção entre estética e psicanálise (economia psíquica), na extração de percepções condensadas, que possibilita o encontro em uníssono com nós mesmos.

A expressão estética pode vir a ser a reintegração de partes cindidas e projetadas, sem intenção, apenas busca, tendo compromisso unicamente com a forma e não com o conteúdo. Não é, portanto, explicativa. E muito mais do que relacionar estados de mente, permite criar uma vida interna, uma vida de fantasia com símbolos, matéria-prima para as representações mentais, expressas pela criação artística. Sendo representante da própria vivência humana, de ser humano vivo, separado do desenvolvimento psicológico. E, assim, a experiência estética precede a posição depressiva, tornando-se fator crucial que a possibilita (Likierman, 1994).

Penso que César começa a se mostrar capaz, por meio da associação estética evocada pela música que ressoa em mim, de elaborar novas representações e ideias. Estas se presentificam no seu aceite em suportar dúvidas, saindo das certezas do "você vai me seguir", para a vivência da partilha. O "estar ao seu lado" permite novas parcerias, além de assimilar que "se encontrar comigo" durante 50 minutos pode transformar o "controle e a submissão" em um encontro criativo, no qual nós dois podemos caminhar juntos.

São as descontinuidades da vida que tentamos transpor, reconciliar e inscrever psiquicamente, pelo mito e pela arte. Por meio desse processo dinâmico em ação, as associações estéticas passam a ser uma ressignificação das representações nos seus primórdios, possibilitando converter emoções opressivas em criativas.

Referências

Barros, M. (2013). *Poesia completa de Manoel de Barros.* Leya.

Buarque, C., & Guerra, R. (1976). "Você vai me seguir" [Música]. *Chico Buarque de Hollanda* (Vol. 4) [Álbum]. Philips.

Buarque, C. (1976). "Olhos nos olhos" [Música]. *Meus caros amigos [Álbum]*. Philips.

Fairbairn, R. (1978). *Estudio psicoanalítico de la personalidad* (5a ed.). Hormé. (Trabalho original publicado em 1949)

Ferreira, L. G. (2000). *Humana, demasiado humana.* Rocco.

Freud, S. (2006). O Moisés de Michelangelo. In S. Freud, *Edição standard brasileira das obras psicológicas completas de Sigmund Freud* (J. Salomão, Trad., Vol. XIII, pp. 215-226). Imago. (Trabalho original publicado em 1914)

Gullar, F. (2015, 30 de setembro). Conferência: como viver juntos. *Folha de São Paulo, Caderno Ilustrada.*

Homem, W. (2009). *Histórias de canções: Chico Buarque.* Leya.

Junqueira Filho, L. C. U. (2014). Níveis clínicos de captação da organização emocional: lógico, psico-lógico e meta-psico-lógico. *Jornal de Psicanálise, 47*(86), 21-34.

Klee, P. (2012). *O livro dos símbolos: reflexões sobre imagens arquetípicas.* Taschen.

Likierman, M. (1994). Significado clínico da experiência estética. *Revista Brasileira de Psicanálise, 28*(2), 279-306.

Moreschi, M. R. G. G. (2014, agosto). *A falésia vermelha e ode à cesura.* Trabalho apresentado em reunião científica na Sociedade Brasileira de Psicanálise de São Paulo (SBPSP).

Nosek, L. (2014, 15 de maio). *O tal do complexo de Édipo.* Trabalho apresentado no Fórum Teórico: Édipo, SBPSP.

Perrini, E. (2017). Em busca de uma experiência estética em psicanálise: sonho, trabalho de sonho-alfa e sonhar-a-dois. *Revista Brasileira de Psicanálise, 51*(1), 140-149.

Rapeli, A. R. (2006). O encontro psicanalítico como experiência estética. *Revista Brasileira de Psicanálise, 40*(3), 48-59.

Segal, H. (1966). Phantasia. In H. Segal, *Introdução à obra de Melanie Klein.* Cia Editora Nacional.

Safranski, R. (2011). *Schopenhauer e os anos mais selvagens da filosofia.* Geração Editorial.

10. Sobre o significado clínico da experiência estética: a beleza poderia ajudar?[1]

Diego não conhecia o mar. O pai,
Santiago Kovadloff, levou-o para que descobrisse o mar.
Viajaram para o sul.
Ele, o mar, estava do outro lado das dunas altas, esperando.
Quando o menino e o pai enfim alcançaram aquelas alturas de areia, depois, depois de muito caminhar, o mar estava na frente de seus olhos. E foi tanta a imensidão do mar,
e tanto o seu fulgor,
que o menino ficou mudo de beleza.

E quando finalmente conseguiu falar, tremendo,
gaguejando, pediu ao pai:
– Me ajuda a olhar!

Galeano, 2021, p. 15

1 Publicado em 2021 na *Revista Bergasse 19*, *11*(2), 57-63.

Começo parafraseando Likierman (1989/1994) ao utilizar o mesmo título de seu trabalho, publicado inicialmente no *International Journal of Psychoanalysis*, em 1989, com um acréscimo, "a beleza poderia ajudar?". Likierman considera a estética como experiência primária, presente desde o nascimento, originalmente com a mãe, vivido pelo bebê como algo essencialmente bom. Esclarece ainda que o bebê "não pode saber o que é bom", mas pode ter uma experiência direta dos seus sentidos, inundados por prazer ilimitado e registrar mentalmente isso de modo puramente estético, como "bom" – sublime. E, assim, internalizado, promove (re)encontros, quando possível, no decorrer da vida, na busca de, mais do que saciar a "fome", estabelecer relações de objeto. Essa autora considera ainda que a experiência estética não surge como resultado de crescimento psíquico, mesmo que possa ser uma de suas pré-condições, pois mesmo antes que o indivíduo comece a reconhecer a experiência, ele já está sujeito a ela. Só depois, na integração depressiva, é que o bebê transfere a experiência estética inicial para a percepção de mundo total bom/mau, em exercício mais amplo. Essa experiência estética é vista por Likierman (1989/1994) "como uma capacidade fundamental humana presente em todos com variações individuais e culturais em sua natureza fenomenológica" (p. 294), precursora primitiva de todas as nossas vivências posteriores de beleza e, também, da posterior criatividade artística. Do ponto de vista psicanalítico, é nessa largada da vida em que inicialmente ela é apreendida pelo sensorial, que contém em si a dimensão psíquica dessa experiência estética como matéria-prima da mente.

Ogden caminha nesse viés, com base na descrição feita por Edgar Allan Poe (citado por Ogden, 2020) que aponta na direção de que há certos tipos de "pensamentos não pensados que são as almas dos pensamentos" (p. 38), essa frase captura a essência paradoxal do conceito de Bion (1992/2000) em que as "impressões sensoriais cruas" são impressões ainda não processadas da experiência emocional. Essas impressões, não vinculadas ao processo do pensamento, são dados sensoriais brutos (experiência estética) a serem organizados; são a única conexão direta com a nossa experiência vivida e, como tal, núcleo vivo – a "alma" – de cada pensamento e sentimento ao longo da vida.

Igualmente Bollas anui que o "momento estético" constitui parte do conhecimento ainda não pensado, que vem muitas vezes na forma de associações estéticas, vividas inicialmente por meio de idioma próprio da maternagem, que Heimann (citada por Bollas, 2015) sustenta como uma "estética do ser" que se torna característica do *self* do bebê. No "momento estético" um indivíduo vivencia uma profunda concordância subjetiva com um objeto (por exemplo: uma música, poesia, imagem, paisagem etc.) em uníssono, e é remetido a um estado que prevaleceu na vida psíquica precoce. É como algo "lembrado", nunca apreendido cognitivamente, "mas conhecido existencialmente e que é mais a memória do processo ontogenético do que os pensamentos ou as fantasias que ocorrem depois de estabelecido o self" (Bollas, 2015, p. 79).

Aproximo esse olhar de Bollas ao de Likierman que concebe esse momento como "sublime" por descrever uma experiência supremamente boa, diferente de ideal. Essa presença é guardada em resposta à bondade como o fator estético mais primitivo da vida do indivíduo em que o bom é vivido como sublime.

O momento estético na clínica

A face carrancuda e fechada de Petra, presente e assídua nos três primeiros anos de análise, comum em sua vida e em suas relações, me convidaram a enxergá-la como se ela tivesse uma "segunda pele" protetora e defensiva. Isso foi corroborado pelos relatos de alguns relacionamentos intensos, adesivos e, posteriormente, descartados, como se sentiu na época em que a própria mãe "a abandonou". Essa formação se reporta a uma origem precoce de um período pré-verbal que fica muito fundo no inconsciente, não analisável na transferência, como considera Esther Bick (1986). A autora sugere que isso é possível apenas quando o paciente se sente acolhido por uma boa continência na transferência, favorecedora para que o material reflita os conflitos de separação de forma que possam ser investigados.

Petra descrevia sentir, muitas vezes, cheiro de esgoto, de ralo, ali mesmo na sala comigo e, em uma ocasião, falou-me do filme *O cheiro do ralo* em que o personagem quebrava tudo para localizar onde estava o rachado, o vazamento. E ela me disse: "o cheiro do esgoto está em mim". Tocada por essa revelação, disse-lhe o quanto ela me passava se sentir "uma merda", quando completou dizendo dolorosamente: "na verdade me sinto má... descarto as pessoas!".

Frances Tustin (1981/1984) escreve que crianças separadas corporal e prematuramente da mãe experimentam esse fato tal qual uma perda de uma parte de seu corpo. Ao contrário de se sentirem abençoadas pela vida se sentem desgraçadas e, em vez de diferenciação e integração equilibrada, a desintegração explosiva ou a não integração é o que impera. Petra sente o cheiro de fezes e de esgoto no próprio corpo e, em vez de sentir suas "fezes" como "seu" produto, ela sente como se fossem suas partes perdidas que exalam, se perdem e infestam o ar. Sempre muito exigente com os outros, mas com muitas faltas alegadas por "motivos de viagens", esse padrão de funcionamento sugere um "transbordamento" (Tustin, 1981/1984), um afastamento vivido em "viagens em pensamento" que culmina em frustração e isolamento.

Pele nova: viver na própria pele

Em uma sessão que podia sentir que estávamos mais próximas, eu lhe disse que ela estava mais em contato consigo mesma. Emocionada, diz que isso a fazia lembrar da Capela Sistina onde Michelangelo havia pintado uma pele, toda fora do corpo, pendurada em "carne viva".

Falo que ela estava abrindo possibilidades de entrar em contato, ali comigo, com seu mundo íntimo "vivo e doído", para poder ter e vestir – como proteção – a sua própria pele.

A expressão estética amplia e sintetiza a transformação desses significados e a psicanálise expressa a sua transformação metapsicológica, "no cenário meta-psico-lógico, as contradições existem para serem sofridas e não para serem desfeitas: só mergulhando na dor psíquica é que encontraremos a bússola que nos norteará na apreensão da configuração emocional presente" (Junqueira Filho, 2014, p. 27).

Junqueira Filho (2014) destaca a "meta-psico-logia" como o coração da psicanálise e que só pode "ser apreendida mediante uma abordagem polivalente que Bion denominou de 'interpretação--construção'" (p. 26). Atribui à "meta-psico-logia" um "conjunto dos esforços econômicos empreendidos pelo psiquismo para representar a experiência emocional através de uma artimanha estética, causadora de espanto e/ou admiração" (p. 22). Temos assim uma conjunção entre estética e psicanálise (economia psíquica), na extração de percepções condensadas, que possibilita o encontro em uníssono com nós mesmos.

Impressionada pelas associações de Petra, fui à busca do afresco de Michelangelo. O que encontrei me causou profundas reflexões. A parte da obra chamada *O juízo final*,[2] mencionada por ela, é considerada a que Deus restaura – mais do que julga – os feitos humanos no final dos tempos. Os santos martirizados aparecem íntegros e com o flagelo em suas mãos. São Bartolomeu é o mencionado por Petra. Ele foi escalpelado e aparece, logo à frente de Deus, com toda a sua pele acumulada nas mãos. É interessante que Michelangelo, não afeito a assinar suas obras, põe sua face no meio dessa pele, segurada pelas

2 https://pt.wikipedia.org/wiki/Juízo_Final_(Michelangelo)

mãos de São Bartolomeu. Alguns estudiosos de arte sugerem que essa foi a sua assinatura!

Petra nos sugere que a sua segunda pele, mal-humorada, que a vestiu por tanto tempo, fruto de sua martirização como defesa ao escalpelamento, foi a sua assinatura? Será que foi isso que a transformou numa pessoa arredia e fugidia com dor a qualquer contato? Essas indagações me reportaram ao filme *Agonia e êxtase* (Reed, 1965) em que Michelangelo sofre constantes pressões do Papa para finalizar a obra na Capela Sistina. Será que ele imprimiu sua face na pele exposta em "carne viva" como uma forma de protesto? Sua resposta constante à pergunta repetitiva do Papa de quando ele iria acabar a obra era: – Acabarei quando estiver acabado, sugere que ele estaria "acabado" quando a concluísse? Assim, avento a possibilidade de que a forma de expressão encontrada por Petra, de estar sempre de cara braba e birrenta, poderia ser a sua forma de protesto, a sua assinatura!

Michelangelo, com toda a sua genialidade (segundo a leitura do filme), não queria pintar a Capela Sistina. Ele era reconhecidamente um escultor. Resistiu o que pôde às exigências do Papa. Quando terminou todo o teto e se viu liberto da função, recebeu mais ordens para fazer o altar. É aí que se situa *O juízo final*, com a redenção dos santos martirizados, mencionada por Petra. Então, poderíamos cogitar que Michelangelo, sentindo que o Papa estava querendo o seu "couro", se identifica com São Bartolomeu e firma isso deixando assinada a sua vivência. Considero que Petra assina, de forma similar, ao firmar seu flagelo de uma vida "sem mãe", sem o primeiro acolhimento, com uma vida de exigências, com precárias condições de existir.

A relação, experiência estética e mundo interior, se revela pelo que Dostoiévski (1869/2021), em seu livro *O idiota*, questiona: "– A beleza salvará o mundo?" E responde respeitando a conjunção em que se escrutina que a beleza não serve para nada, que ela não se sustenta sozinha, o belo vale por si mesmo, pois nos move, nos toca pela harmonia das formas interiores na busca pelo bom.

A experiência vivida com Petra de associar por meio de imagens visuais, me reporta a Bion (1992/2000) que considera que a capacidade de produzir imagens visuais é um dos fatores da função alfa. Acrescenta que esse é um importante fator de armazenamento por ser um tipo de notação que, junto com o fato selecionado, é necessário para iniciar o interjogo entre a posição esquizoparanoide e a depressiva. Penso que ela começa a ser capaz, por meio de imagens visuais, de formar algumas representações ou ideias do tipo: "Me ajuda a olhar?" (como apontado na epígrafe deste capítulo). "Ao invés de aplicar insights psicanalíticos à estética, esta é mostrada como iluminando as primeiras experiências infantis ampliando a teoria psicanalítica" (Likierman, 1989/1994, p. 280). E, o conhecimento estético, agrega em importância a nossa capacidade de formar vida de fantasia com símbolos.

> *É impossível saber como poderíamos formar símbolos de fantasia na ausência de um conhecimento sensorial... E, o conhecimento estético não é a causa da formação de símbolos, é o meio que a torna possível provendo a mente com a matéria-prima de moldes e formas com as quais cria representações mentais. (Likierman, 1989/1994, p. 283)*

A dinâmica dos elementos beta e alfa, que evolvem, acompanha esse movimento. Separam-se, convergem, divergem e, assim por diante, onde impressões sensoriais cruas, "alma dos pensamentos" permitem aproximação dos conteúdos não representados. Desse modo, poderemos dizer como Klee (2012), que "a arte não reproduz o visível, torna-o visível" (p. 6).

A experiência estética é originalmente registrada no início da vida com experiências "boas" que não têm limites conceituais ou temporais nem juízo de valor. Suas características estéticas representam tanto sua independência quanto sua unicidade e têm como marca sua particular identidade individual de "infinidade sublime" (Likiermann, 1989/1994 p. 279), "precursora primitiva de todas as nossas vivências posteriores de beleza" (p. 281), favorecedora da digestão mental de angústias "vividas" e não contidas.

Referências

Bick, E. (1986). Considerações adicionais sobre a função da pele nas relações objetais iniciais (M. L. Andrade & L. M. Zancanela, Trads.). Texto não publicado.

Bion, W. (2000). *Cogitações.* Imago. (Trabalho original publicado em 1992)

Bollas, C. (2015). *A sombra do objeto: o objeto transformacional.* Escuta.

Dostoiévski, F. (2021). *O idiota.* Sétimo Selo. (Trabalho original publicado em 1869)

Galeano, E. (2021). A função da arte/1. In E. Galeano, *O livro dos abraços* (15a ed.). L&PM.

Junqueira Filho, L. C. (2014). Níveis clínicos de captação da organização emocional: lógico, psico-lógico e meta-psico-lógico. *Jornal de Psicanálise, 47*(86), 21-34.

Klee, P. (2012). *O livro dos símbolos: reflexões sobre imagens arquetípicas.* Taschen.

Likierman, M. (1994). Significado clínico da experiência estética. *Revista Brasileira de Psicanálise, 28*(2), 279-307. (Trabalho original publicado em 1989)

Ogden, T. (2020). Rumo a uma forma revisada de pensamento e prática psicanalíticos. *Revista Brasileira de Psicanálise*, 54(4), 23-46.

Reed, C. (Diretor). (1965). *Agonia e êxtase* [Filme épico]. 20th Century Fox.

Tustin, F. (1984). Nascimento psicológico e catástrofe psicológica. In F. Tustin, *Estados autísticos em crianças* (pp. 107-128). Imago. (Trabalho original publicado em 1981)

11. A transitória igualdade e a incerta diferença[1]

Já vivi bastante para ver
que a diferença gera ódio...
Stendhal, 1830/2021, p. 231

Um apólogo

Era uma vez uma agulha, que disse a um novelo de linha:

– Por que está você com esse ar, toda cheia de si, toda enrolada, para fingir que vale alguma coisa neste mundo?

– Deixe-me, senhora.

1 Publicado em *Alter*, 40(1 e 2), 9-23, 2025

– Que a deixe? Que a deixe, por quê? Por que lhe digo que está com um ar insuportável? Repito que sim, e falarei sempre que me der na cabeça.

– Que cabeça, senhora? A senhora não é alfinete, é agulha.

– Mas você é orgulhosa.

– Decerto que sou. Porque coso. Então os vestidos e enfeites de nossa ama, quem é que os cose, senão eu?

– Você? Esta agora é melhor. Você é que os cose? Você ignora que quem os cose sou eu, e muito eu?

– Você fura o pano, nada mais; eu é que coso, prendo um pedaço ao outro, dou feição aos babados... diga-me quem é que vai ao baile, no corpo da baronesa, fazendo parte do vestido e da elegância? Quem é que vai dançar com ministros e diplomatas, enquanto você volta para a caixinha da costureira, antes de ir para o balaio das mucamas? Vamos, diga lá.

Parece que a agulha não disse nada; mas um alfinete, de cabeça grande e não menor experiência, murmurou à pobre agulha:

– Anda, aprende, tola. Cansas-te em abrir caminho para ela e ela é que vai gozar da vida, enquanto aí ficas na caixinha de costura. Faze como eu, que não abro caminho para ninguém. Onde me espetam, fico.

Contei esta história a um professor de melancolia, que me disse, abanando a cabeça: – Também eu tenho servido de agulha a muita linha ordinária!

(Assis, 1994, texto resumido)

A experiência mais pungente que temos, crucial para o desenvolvimento do ser psíquico, é nos depararmos com a existência do outro, separado e diferente. Na tradução de um dos últimos escritos de Freud, "Análise terminável e interminável" (1937/2018), publicada pela Companhia das Letras, ele circunscreve o trânsito presente no trabalho analítico entre a igualdade idealizada e a diferença aclamada, mas temida. Nesse trabalho, Freud (1937/2018) registra o ponto em comum vivido pelo homem e pela mulher, a "rejeição" ao feminino, e me debruço mais atentamente sobre as palavras assinaladas na seguinte frase: "*Não obstante a diferença* de conteúdo, há obvias correspondências. Algo que é comum aos dois sexos *foi obrigado, pela diferença* dos sexos, a adotar outra forma de expressão" (p. 322, grifos meus).

Como assim? *Obstante a diferença* e *foi obrigado, pela diferença*?

É essa a intenção? O sinônimo de obstante é o que atravanca, embaraça e impede. Assim, a palavra "obstante" está aí por que é empregada para sugerir o que a diferença provoca? Como na guerra travada entre a agulha e a linha, quem é a melhor? E a epígrafe de Stendhal, será que a diferença gera ódio?

Para eliminar o conflito almejamos a igualdade e eliminamos as diferenças?

Costumeiramente vemos as diferenças como opostos e não como complementares. Realmente o diferente nos incomoda, pois nos apresenta a incompletude como no apólogo que mostra que é a linha quem vai ao baile. Se a diferença for inconciliável, acionam-se fantasias de onipotência em prol de um idílio em que a busca por "igualdade de direitos" con(funde), cria a ilusão de que é o outro que atravanca o nosso caminho. E isso, muitas vezes, é expresso com desprezo, assim como as palavras do professor: "eu tenho servido de agulha a muita linha ordinária!"

Viva a igualdade, entoamos, então, com vigor, calcados em uma moralidade que ainda é endossada por defesas maníacas de um discurso narcísico.

> *A preocupação moral é com os pares certo/errado, superior/inferior etc. A moralidade implica uma posse de verdade, alguém a possui, ela tem donos, construtores de crenças,* shibboleths. *É indissociável da causalidade. Está baseada em comparações, em modelos evolutivos, embriões de fanatismos, preconceitos e sofrimentos sem fim. A ética complexa trabalha com o vértice das diferenças, com a incomensurabilidade, com a incerteza, com a* indecibilidade, *com os modelos espectrais, com a cesuras, com as simetrias heterogêneas. (Trachtenberg, 2022, p. 44)*

Os afetos emergentes se diferenciam gradativamente e sua conscientização é que permite apreendê-los e, quem sabe, neles interferir.

É justamente na diferença que nos constituímos. É na diferença que se concebe o amor e seus contraditórios, pois o outro passa a existir. Como lidamos com essa tensão? A rejeição seria então à diferença e não à submissão, como atribuído por Freud (1937/2018)? Ou vivida nos primórdios da identificação feminina primária como repulsa à má notícia "do desamparo [e] da morte" (Paim Filho, 2014, p. 4)? Seria para não nos atermos especificamente na diferença que delata nossa abominável deficiência – de inacabados e insuficientes – na dinâmica representacional dos ditames vividos intra e intersubjetivamente? O conto nos aponta que sem a agulha a linha não vai ao baile! E sem a linha não há a construção de um vestido psíquico, de um tecido, de uma pele que cubra e contenha a vida mental – continente↔contido.

Já na tradução da *Edição standard brasileira das obras psicológicas completas de Sigmund Freud*, publicada pela Imago, a frase mencionada anteriormente está assim: "*Apesar* da dessemelhança de seu conteúdo, há uma correspondência óbvia entre eles. Algo que ambos os sexos possuem em comum *foi forçado, pela diferença entre eles*, a formas diferentes de expressão" (Freud, 1937/1996, p. 268, grifos meus). *Apesar* da diferença foi *forçado* a formas diferentes de expressão? É essa a intenção de Freud? Reparar e notar mais precisamente a diferença que nos incerta, mas que também nos permite o desenvolvimento?

Scarfone (2019) assinala que "Se Freud pudesse retomar a existência corporal hoje, ele ficaria surpreso ao encontrar sinais externos voltados não tanto a marcar a diferença entre os sexos, mas [de] torná-la menos nítida" (p. 114).

A questão que reflito neste capítulo não está relacionada às diferenças sexuais em si, mas recorro a elas por sua natureza explícita e por evocarem a reflexão sobre o conflito vivenciado, tanto interna quanto intersubjetivamente, diante do que é diferente, a fim de ampliar nosso olhar diante dessa recusa.

A igualdade x diferença e a desigualdade que nos iguala

Somos igualmente diferentes,
a única desigualdade que nos iguala.
Brum, 2014, p. 104

A igualdade *x* diferença e a desigualdade que nos iguala são elementos que me levaram a um momento de uma análise quando, logo após a apresentação de tese de doutorado de Gabriela, que não se sentia reconhecida pelos pais, esperava, com esse feito, "finalmente ser vista".

Estávamos no terceiro ano da análise que tinha sido permeada, repetidamente, por fatos vividos na vida institucional de Gabriela, nas suas aulas, com seus alunos, carregada por certezas de que sua capacidade era fruto de pessoas competentes e habilidosas que a cercavam, e nada proveniente do seu talento para aproveitar as oportunidades que a vida lhe oferecia ou das que buscou com propriedade. Ela se diminuía o tempo todo – "sou uma burra de carga" – apontando sempre o exaustivo trabalho que assumia pelos outros, "sem reconhecimento" dos colegas.

A primeira coisa que ela disse naquele dia foi:

G – *Missão cumprida.*

De pronto me vem à mente, cumprida ou comprida? Aguardo e me recordo que ela não tem nem 40 anos e tinha acabado de defender a tese de conclusão de doutorado, um investimento tão trabalhoso que exigiu tanto dela.

Fez-se um longo silêncio. Aguardo sem ainda me dispor a falar, quando ela retoma.

G – *Não entendo bem todos os elogios. Meu orientador até falou emocionado de todo o processo, do desenrolar exitoso do trabalho, de como eu soube trazer uma ideia nova a partir das respostas coletadas e estudadas. E os outros componentes da banca teceram considerações favoráveis.* [Mais um breve silêncio] *Sabe? Estou até feliz... meu marido estava lá me auxiliando na projeção do material, minha mãe também foi e a via sorrindo emocionada... Mas eu fiz tudo sozinha, me virei sozinha...*

Com o clima mais propício, flui em mim naturalmente o que opto por dizer:

A – *Não fez nada mais que sua obrigação!*

Para minha surpresa, ela responde imediatamente:

G – *É!*

Faz-se outro longo silêncio. Só que neste me sinto arremessada para longe, muito longe. No anterior estávamos em sintonia. Sinto que essa comunicação trazia algo singular no momento de nossa análise. Esse desconforto me mobiliza a falar:

A – Para onde você foiiiiiii? Me leva juuunto?

G – Nossa! [Surpreendida, como que despertando] *Fui longe mesmo... e me dou conta que estava presa sem conseguir sair daquele lugar...*

Novo silêncio se instaura e com a retomada da conexão entre nós, eu sentia, como ela, não estar fazendo ali nada mais do que a minha obrigação: ouvir os relatos diários da sua vida, sem vida. Aguardo. Passado mais um breve tempo, Gabriela me surpreende quando começa a contar, pausada e refletidamente que, desde pequena, a entrega do boletim aos seus pais era cercada por muita apreensão, pois esperava muito que eles reconhecessem sua capacidade. Afinal, trazia notas 10 que compunham cada uma das matérias estudadas. Mas a reação do pai era sempre a mesma: "Não faz nada mais que sua obrigação!". Gabriela percebia que a mãe não concordava com a atitude do marido que, contrariada, dava apenas um sorriso amarelo. Pudemos conversar então o quanto ela continuava sendo fiel ao pai falecido, sem poder comemorar a conquista do doutorado com a mãe e seu sorriso emocionado, diante da "comprida" conquista, sem reconhecer que tinha defendido uma ideia original, motivo da aprovação – "com louvor" – de toda a banca.

Nesse momento faz-se novo silêncio. Gabriela volta a me surpreender, pois retoma rindo dizendo que essa tinha sido mesmo uma longa e penosa jornada... Pelo jeito, não tinha acabado, pois permanecia comprida para confirmar a tese de que ela não tinha ideias próprias para defender. E que eu complementei dizendo: sempre *deferente* aos pais... sem poder ser *diferente*.

Essa experiência favoreceu o encontro com suas partes não vividas e cindidas, uma vez que o momento analítico pôde ser continente. O analista pode tentar trazer o paciente para a vida, interferindo ao questionar sua autoimagem narcísica, tentando lhe mostrar a ilusão em que ele vive.

Percebo na clínica, como na vida extra-sala de análise, que o diferente contém um forte fator idealizado, bem como um agregado fator moral, que indica uma posição de inferioridade ou de superioridade. A linha e a agulha mostram esse combate pelo poder na disputa para saber quem é o melhor e o mais sabido. Gabriela buscava ser a melhor, a mais trabalhadora e a mais estudiosa, que assumia tudo por si e por todos, caso contrário, não seria reconhecida. Ela ainda não tinha condições de reconhecer a riqueza da diferença para não mais fazer deferências.

Como na epígrafe, podemos conjecturar que a recusa ocorre porque a diferença nos desconcerta, sendo a única desigualdade que, paradoxalmente, nos iguala?

A acirrada disputa em prol de um ilusório estado de rigor pode ter, como função, o afastamento de fantasmas da condição sentida como inferior, pois a elaboração do luto da plenitude narcísica foi perdida. Esse sentimento se encontra presente no final do conto de Machado de Assis quando o "professor de melancolia" se manifesta ressentido por ter "servido a muita linha ordinária". Gabriela reconsiderou, com humor, que essa guerra pode se prolongar.

Em suma, uma busca por uma igualdade – de pensar e receber – que elimine a diferença. Nossa função na clínica é de promover ressignificações e possíveis elaborações que colaborem para descomprimir a psique de absolutismos morais rígidos quando a diferença, sentida como ameaça, encarcera a possibilidade do novo, da criação e da expansão da mente. Gabriela me fornece elementos ricos dessa dinâmica em que a diferença entre o pai e a mãe contribuiu para ser ela própria.

Justo a mim
me coube ser eu.

(Mafalda)

Quando essas questões ficam puristas, absolutistas, emergem sentimentos primitivos de rivalidade, incompetência e menos-valia, promovidos por experiências primárias vividas de desintegração mais do que de integração, em detrimento da admiração e da competência. Estamos diante da frustração primeira com a alteridade que inaugura o desamparo/incompletude, do feminino em nós, como assinalado no Capítulo 3, "O feminino em nós, uma experiência interminável", quando desprovidas de um continente que acolhe e, em sua potência intrínseca, aceita o oculto "espaço interno", o que propicia a vida mental intersubjetiva.

Winnicott (1953/1975 e 1959/2000) aponta que a falha ambiental é a principal causa da frustração, pois ultrapassa o limite do suportável pela psique do bebê. Considero que essa frustração persiste devido à busca insatisfeita pela plenitude narcísica, especialmente quando o outro (mãe-ambiente), ao não conseguir conter o sofrimento provocado pela alteridade, contribui para a recusa das diferenças, dificultando a constituição do psiquismo.

Em relação a essa falha, Levine (2021) aponta:

> *Se houver grave falta de sintonia, então a onipotência e a criatividade podem dar lugar à angústia de aniquilação e um colapso desintegrador que podem interromper a "continuidade de ser/existir", dissociar a psique do soma e/ou levar a formas radicais de autocontenção que, em última análise, aliena a pessoa do contato com o mundo e seus objetos. (2021, p. 12)*

Temos um pré-conceito depreciativo em relação à diferença, mesmo que ela esteja comumente presente na aceitação verbal, e/ou na teoria, é diferentemente vivida na prática. Costumamos procurar nossos iguais, no trabalho, na família, na comunidade que participamos. E consideramos nossos iguais em alta conta, até mesmo porque precisamos nos validar. Como o adolescente que precisa encontrar sua turma de iguais para se diferenciar dos pais. Ou mesmo nós psicanalistas quando temos nossas instituições para legitimar nossos pensares e métodos para exercer a psicanálise. O que procuro apontar é que quando deixamos de ver as diferenças na igualdade e a igualdade nas diferenças, sem perceber sua transitoriedade e incerteza, ficamos com um prejuízo para a criação, para o novo que diferencia e une.

De alguns anos para cá, resolvi ler artigos de jornais e periódicos de autores que pensam diferente de mim. Confesso ser um exercício que exige muito. No entanto, muitas vezes me surpreendo com a possibilidade de incluir no meu repertório alguns desses olhares, por apresentarem outro vértice que eu ainda não tinha levado em conta.

No trabalho analítico, contemplo, um acentuado movimento de banir a análise epistemológica em prol da análise ontológica, e um olhar que a considera a única forma de psicanálise. Eliminar a diferença também está presente nesse movimento, pois a recusa de que ambas possam conviver para alcançar um trabalho que possibilite a proximidade com nós mesmos. Esse movimento integrador se ajusta, como sugere Mafalda.

Ogden (2020) nos presta um valioso serviço ao discernir as duas formas de análise como coexistentes que se enriquecem mutuamente. Percebo, em algumas ocasiões, uma crítica entre colegas ao classificarem determinado trabalho como "terapia" (o que, de fato, muitas vezes é). No entanto, em outros contextos (ou sessões), essa mesma abordagem é discriminada como não analítica e avaliada de forma isolada. Entretanto, essa dimensão pode representar um momento essencial de acolhimento e significação, funcionando como parte do processo investigativo que favorece a construção de uma hipótese promotora de realização.

Na estruturação de um *self* é preciso descrever as experiências, a fim de constituir um mundo interno para depois se fazer alguma interpretação transferencial. É essencial reconhecer os sentimentos, compreender sua intensidade e saber diferenciá-los. A apropriação dessas emoções contribui para que as experiências emocionais adquiram maior profundidade e significado.

Na biografia sobre Fernando Pessoa (Zenith, 2022), Alberto Caeiro expressa melhor o que procuro transcrever:

> *Sou um guardador de rebanhos.*
> *O rebanho é os meus pensamentos*
> *E os meus pensamentos são todos sensações.*
> *Penso com os olhos e com os ouvidos*
> *E com as mãos e os pés*
> *E com o nariz e a boca.*
> *Pensar uma flor é vê-la e cheirá-la,*
> *E comer um fruto é saber-lhe o sentido.*
>
> (O guardador de rebanhos, p. 442)

Os sentimentos, até então indigestos e impensáveis, expulsos e/ou projetados, perderam sua configuração. O analista recorre ao seu próprio repertório onírico, relativo às suas experiências emocionais simbolizadas com o que se equipou em sua própria análise pessoal, no convívio institucional, além das suas aquisições culturais, como experiências estéticas vividas no desenrolar da vida e pode trazê-las para o encontro analítico.

A rejeição presente na escolha de um modo único de trabalhar analiticamente alimenta a eterna busca da plenitude narcísica, imaculada, contrária à incompletude real humana como a do casal parental internalizado, formado por pessoas diferentes, importante na realização da bissexualidade psíquica integrada.

A análise epistemológica enriquece a ontológica, como Ogden (2020) preconiza. Compreender os sentidos inconscientes relacionados ao conhecimento e à compreensão, ligados às relações dos objetos internos, pode caminhar com a descoberta dos sentidos de maneira criativa a fim de se tornar mais plenamente vivo, relacionado ao ser e ao tornar-se.

A presença da interpretação na transferência é uma forma de melhor apreensão do paciente sobre si mesmo e não impede que, em outros momentos, pela *reverie* do analista quando no estado de ser e estar envolvido com o paciente, contribua para que este viva a experiência. No fragmento clínico apresentado, esse fato surgiu de forma intuitiva em minha mente: "*Não faz nada mais do que sua obrigação*". A intimidade propiciou destacar áreas de angústia, com observação diante dos pensamentos, sentimentos e experiências sensoriais, corporais que estavam inconscientes. Experiências de estar com o paciente em estado de devaneio, inconscientemente receptivo, imprimem a possibilidade de sonhar e este ser um ato psíquico em que o indivíduo se torna sujeito e pode experimentar seu próprio ser. Dessa forma, torna-se mais presente e vivo para e com os próprios pensamentos.

Ogden (2020), ao discriminar as duas formas de presença com nosso analisando não as torna excludentes, mas participantes de uma mesma abordagem vivencial, sem rejeitar uma ou outra. No entanto, quando aponta que a mudança do enfoque na compreensão dos sonhos, para a experiência do sonhar, exige do analista uma presença viva, sendo ele mesmo, enfatiza que essa postura é mais necessária e importante do que a adoção de uma técnica.

A não aceitação das diferenças em qualquer área da vida concorre para a confirmação da rejeição humana à incompletude, dor narcísica nunca curada. É como se o conflito fosse sempre indesejável e não fonte de criação, ou como se a polissemia negasse que se faz a música de um composto de pausas que, consonantes e dissonantes, compõem a sonoridade que a diferença canta nos versos, agora integrados, de Gilberto Gil.

> *É a sua vida que quero bordar na minha*
> *Como se eu fosse o pano e você fosse a linha*
> *E a agulha do real nas mãos da fantasia*
> *Fosse bordando ponto a ponto nosso dia a dia.*
>
> (Gil, 1983)

Um trabalho analítico contém presença que, contextualizada no tempo e espaço, promove expansão, se não nos limitarmos a uma leitura parcial e reducionista do fenômeno da não aceitação das diferenças em uma mesma sessão.

A igualdade é transitória e a diferença é incerta. E isso não exclui a necessária igualdade, mesmo que transitória, bem como as diferenças irreconciliáveis.

A não diferença quando cultivada, atesta o óbito da vida mental. E o contato com a dor contribui para a construção de um continente a fim de não sucumbir e de desenvolver um sentimento de gratidão quando não encapsulado pela inveja. E que, nessa segunda chance, a experiência analítica pode proporcionar contato psíquico com o objeto até então fraturado, não mais "obstante", nem "apesar" da diferença, mas a partir dela; a mente pode estar disponível para receber conteúdos até então impensáveis, precondição da tecitura do ser psíquico para tornar-se.

Agradeço minha analisanda por me fazer reconhecer que podemos nos reinventar a cada encontro, na costura de uma linha própria, tecida no nosso dia a dia, para frequentarmos os bailes da vida.

Referências

Assis, M. de. (1994). Um apólogo. In M. de Assis, *Obra Completa* (Vol. 2). Nova Aguilar.

Brum, E. (2014). *Meus desacontecimentos, a história da minha vida com as palavras*. Leya.

Freud, S. (2018). Análise terminável e interminável. In S. Freud, *Obras completas* (P. C. Souza, Trad., Vol. 19, pp. 274-326). Companhia das Letras. (Trabalho original publicado em 1937)

Freud, S. (1996). Análise terminável e interminável. In S. Freud, *Edição standard brasileira das obras psicológicas completas de Sigmund Freud*, (J. Salomão, Trad., Vol. 23, pp. 225-270). Imago. (Trabalho original publicado em 1937)

Gil, G. (1983). A linha e o linho [Música]. *Extra* [Álbum]. WEA.

Levine, H. (2021). *Sobre a necessidade da falha* (T. M. Zalcberg, Trad., revisão de C. F. Korbivcher). Conferência proferida em 10 de agosto na SBPSP.

Ogden, T. (2020). Psicanálise ontológica, "O que você quer ser quando crescer"? *Revista Brasileira de Psicanálise*, *54*(1), 23-46.

Paim Filho, I. (2014). A guerra e o repúdio ao feminino: uma releitura da disposição feminina originária. In I. Paim Filho, *Metapsicologia: um olhar à luz da pulsão de morte*. Movimento.

Scarfone D. (2019). O feminino, o analista e o teórico infantil. *Revista Brasileira de Psicanálise*, *53*(2), 113-126

Stendhal (2021). *O vermelho e o negro* (T. P. de Andrade, Trad.). Companhia das Letras. (Obra original publicada em 1830)

Trachtenberg, R (2022). Caminhando contra o vento ou Edy e os desaparecidos de nossas odisseias. *Ide*, *44*(74), 37-58.

Winnicott, D. W. (1975). A criatividade e suas origens. In D. W. Winnicott, *O brincar e a realidade* (J. de Aguiar Abreu & V.

Nobre, Trads., pp. 95-120). Imago. (Trabalho original publicado em 1953)

Winnicott, D. (2000). Preocupação materno primária. In D. W. Winnicott, *Da pediatria à psicanálise* (pp. 399-405). Imago. (Trabalho originalmente publicado em 1959)

Zenith, R. (2022). *Pessoa: uma biografia* (P. M. Soares, Trad.). Companhia das Letras.

GRÁFICA PAYM
Tel. [11] 4392-3344
paym@graficapaym.com.br